智创管理 主编

从零开始
学做酒店经理

轻松做好酒店经营、管理与服务

U0314369

全国百佳图书出版单位

化学工业出版社

·北京·

内 容 简 介

　　本书是专门为酒店管理新人打造的入门指导书籍，系统介绍了酒店经理的职责、权限和应具备的职业素养，也全面介绍了酒店经理必须掌握的 7 大业务范畴，即员工管理、前厅业务管理、客房服务管理、餐饮服务管理、酒店成本管理、酒店安全管理、酒店营销管理，全场景展现了酒店经理在实际经营管理工作中应具备的素养和技能，旨在帮助广大酒店经理新人解决日常工作中可能遇到的各种问题和困难。

　　全书紧紧结合酒店管理中经常发生的各项实际业务撰写，操作规范清晰、流程解读详细，图文并茂，并穿插了大量案例，示范各项业务的处理流程、方法与技巧。同时每章后都配有最常用的管理工具模板，以供读者参考，随查随用，有助于轻松掌握酒店经营管理流程，统筹全局。本书适合各类酒店管理人员阅读参考。

图书在版编目（CIP）数据

从零开始学做酒店经理：轻松做好酒店经营、管理与
服务/智创管理主编. —北京：化学工业出版社，2020.5
ISBN 978-7-122-36230-8

Ⅰ.①从… Ⅱ.①智… Ⅲ.①饭店-商业管理
Ⅳ.①F719.2

中国版本图书馆 CIP 数据核字（2020）第 028592 号

责任编辑：卢萌萌　　　　　　　　　文字编辑：陈小滔　王春峰
责任校对：边　涛　　　　　　　　　装帧设计：关　飞

出版发行：化学工业出版社（北京市东城区青年湖南街 13 号　邮政编码 100011）
印　　装：三河市延风印装有限公司
710mm×1000mm　1/16　印张 16¼　字数 296 千字
2021 年 2 月北京第 1 版第 1 次印刷

购书咨询：010-64518888　　　　　　售后服务：010-64518899
网　　址：http://www.cip.com.cn
凡购买本书，如有缺损质量问题，本社销售中心负责调换。

定　　价：68.00 元　　　　　　　　　　　　　　版权所有　违者必究

前言

　　国内、国际旅游业的迅速发展，催生了一大批酒店的崛起，与此同时也造成了酒店管理人员的极度短缺，尤其是复合型管理人才，酒店经理已经成为一个热门职业。而成为一个综合素质超强的酒店管理人员并不容易，需要有多方面的知识储备。比如，对酒店服务业有浓厚的兴趣，有较强的组织、管理、协调能力和服务意识，熟悉酒店各项管理工作流程和管理规范，等等。总之，必须不断学习，不断充电，在学习中实践，在实践中学习。

　　本书是专门为酒店管理新人编写的入门指导书，详细介绍了酒店经理日常工作中应掌握的各项管理技能和操作技能，既包含了对理论知识的阐述，又涵盖了对管理实务的展示。全书紧紧结合酒店管理中经常发生的各项业务进行撰写，言简意赅，知识体系完善，操作示范规范清晰，案例解读科学合理，全场景展现了酒店经理在实际管理工作中应具备的素养和技能，旨在帮助广大酒店管理经理新人解决日常工作中所遇到的各种问题和困难。

　　全书具体分为9章。第1章综合介绍了酒店经理的职责、权限，应具备的素养；第2~8章全面介绍了酒店经理必须掌握的7大业务范畴，员工管理、前厅业务管理、客房服务管理、餐饮服务管理、酒店成本管理、酒店安全管理、酒店营销管理；第9章结合实例列举了当前比较流行的几类特色酒店，并分析各类特色酒店的经营方法。

　　本书按照酒店管理的难易程度，对每个知识点结合案例进行详细、生动的讲解，帮助读者快速入门。从服务前到售后，从管人到管事，从企业内到企业外，手把手教读者如何成为一名合格的职业经理。另外，考虑到初学者的需求，书中运用大量图表来表现难点知识，力争做到化繁为简，化难为易。书中配有最常用的管理工具模板，以供读者随查随用，有助于他们轻松掌握管理流程、管理技能，一看就懂、一学就会、现查现用，快速胜任本职工作。

　　酒店管理是一门实践性很强的学科，随着市场需求、客户需求的变化，管理工作的内容也会随着变化。因此，尽管本书本着实务的原则进行撰写，旨在培养读者分析问题和解决问题的能力，但限于知识有限，书中难免存在疏漏，如有不足之处，敬请读者批评指正。

编者

目录

第1章　酒店经理的职责与权限 / 001

1.1　酒店管理概述 ⋯⋯⋯⋯⋯⋯⋯⋯⋯⋯⋯⋯⋯⋯⋯⋯⋯ 002
　　1.1.1　酒店服务业的发展态势 ⋯⋯⋯⋯⋯⋯⋯⋯⋯⋯ 002
　　1.1.2　酒店服务业的 3 大特点 ⋯⋯⋯⋯⋯⋯⋯⋯⋯⋯ 003
　　1.1.3　不同规模酒店的组织架构图 ⋯⋯⋯⋯⋯⋯⋯⋯ 005
　　1.1.4　酒店管理的 4 项核心内容 ⋯⋯⋯⋯⋯⋯⋯⋯⋯ 007
1.2　酒店经理的角色与职责 ⋯⋯⋯⋯⋯⋯⋯⋯⋯⋯⋯⋯⋯ 011
　　1.2.1　酒店经理的角色流转图 ⋯⋯⋯⋯⋯⋯⋯⋯⋯⋯ 011
　　1.2.2　酒店经理的日常职责表 ⋯⋯⋯⋯⋯⋯⋯⋯⋯⋯ 013
1.3　酒店经理应具备的素养 ⋯⋯⋯⋯⋯⋯⋯⋯⋯⋯⋯⋯⋯ 017
　　1.3.1　酒店经理的 5 大职业素养 ⋯⋯⋯⋯⋯⋯⋯⋯⋯ 017
　　1.3.2　酒店经理的 4 项综合素质 ⋯⋯⋯⋯⋯⋯⋯⋯⋯ 018
　　1.3.3　酒店经理的 10 项基本能力 ⋯⋯⋯⋯⋯⋯⋯⋯⋯ 020

第2章　员工管理 / 023

2.1　负责人才招聘和筛选 ⋯⋯⋯⋯⋯⋯⋯⋯⋯⋯⋯⋯⋯⋯ 024
　　2.1.1　对酒店从业人员的要求 ⋯⋯⋯⋯⋯⋯⋯⋯⋯⋯ 024
　　2.1.2　新员工招聘原则 ⋯⋯⋯⋯⋯⋯⋯⋯⋯⋯⋯⋯⋯ 024
　　2.1.3　新员工招聘流程 ⋯⋯⋯⋯⋯⋯⋯⋯⋯⋯⋯⋯⋯ 026
2.2　做好新员工入职培训工作 ⋯⋯⋯⋯⋯⋯⋯⋯⋯⋯⋯⋯ 029
　　2.2.1　新员工入职流程 ⋯⋯⋯⋯⋯⋯⋯⋯⋯⋯⋯⋯⋯ 029
　　2.2.2　服务礼仪的培训 ⋯⋯⋯⋯⋯⋯⋯⋯⋯⋯⋯⋯⋯ 031
　　2.2.3　表达能力的培训 ⋯⋯⋯⋯⋯⋯⋯⋯⋯⋯⋯⋯⋯ 031
　　2.2.4　化解矛盾与冲突能力的培训 ⋯⋯⋯⋯⋯⋯⋯⋯ 036
2.3　做好员工绩效的考核工作 ⋯⋯⋯⋯⋯⋯⋯⋯⋯⋯⋯⋯ 038

2.3.1　考核内容的 4 个设置维度 ………………………… 038

2.3.2　确定考核方法,优化考核程序 ………………… 040

2.3.3　绩效考核结果的评估和反馈 …………………… 041

2.4　做好员工日常管理和监督工作 ……………………… 044

2.4.1　员工日常工作管理 ……………………… 044

2.4.2　检查卫生清洁情况 ……………………… 045

2.4.3　监督保洁员的日常行为 ………………… 046

第 3 章　前厅业务管理 / 047

3.1　前厅部 ……………………………………………… 048

3.1.1　前厅部展现酒店形象 …………………………… 048

3.1.2　前厅部的组织机构设置 ………………………… 049

3.1.3　前厅经理的岗位职责 …………………………… 052

3.2　接待业务 …………………………………………… 053

3.2.1　制订和完善服务标准 …………………………… 053

3.2.2　规范接待人员的接待流程 ……………………… 055

3.2.3　优化不同环节的工作流程 ……………………… 055

3.2.4　高度重视团体客人的接待工作 ………………… 057

3.2.5　制订临时来访人员接待流程 …………………… 060

3.2.6　总机服务流程 …………………………………… 061

3.2.7　随时控制好客房状态 …………………………… 063

3.3　预订业务 …………………………………………… 064

3.3.1　明确预订业务的流程 …………………………… 064

3.3.2　定期核查订房的状态 …………………………… 065

3.3.3　控制订房工作中的异常 ………………………… 066

3.3.4　正确处理超额预订 ……………………………… 069

3.4　退房结账业务 ……………………………………… 071

3.4.1　退房结账办理流程 ……………………………… 071

3.4.2　提高对客结账的效率 …………………………… 072

3.4.3　客人离店后需要做的收尾工作 ………………… 074

附表：前厅业务管理所涉及表单 ………………………… 075

第 4 章　客房服务管理 / 083

4.1　客房部 ……………………………………………… 084

4.1.1　客房部：酒店最核心的部门 ·························· 084

4.1.2　客房部的组织机构设置 ·························· 085

4.1.3　客房经理岗位职责 ·························· 087

4.2　提升客房服务质量 ·························· 088

4.2.1　制订客房服务规范 ·························· 088

4.2.2　明确服务标准 ·························· 091

4.2.3　合理安排客房清洁、卫生工作 ·························· 092

4.2.4　客房清扫前准备工作 ·························· 095

4.2.5　客房检查的要点和流程 ·························· 096

4.2.6　客房异常状况处理 ·························· 100

4.2.7　提升客房服务质量的途径 ·························· 101

4.3　客房的其他管理 ·························· 104

4.3.1　客房设备管理 ·························· 104

4.3.2　客房消耗品控制 ·························· 106

4.3.3　客房布草管理 ·························· 109

附表：客房服务管理所涉及表单 ·························· 114

第5章　餐饮服务管理 / 121

5.1　餐饮部 ·························· 122

5.1.1　餐饮部：酒店的重要创收部门 ·························· 122

5.1.2　餐饮部的组织机构设置 ·························· 123

5.1.3　餐饮经理的岗位职责 ·························· 125

5.2　餐饮管理的任务、内容和基本要求 ·························· 128

5.2.1　餐饮管理的任务 ·························· 128

5.2.2　餐饮管理的内容 ·························· 129

5.2.3　餐饮管理的基本要求 ·························· 130

5.3　对餐饮的生产过程进行把控 ·························· 131

5.3.1　管理餐饮原材料采购 ·························· 131

5.3.2　监督菜品的生产与制作 ·························· 136

5.3.3　控制餐饮价格 ·························· 141

5.3.4　完善餐饮服务 ·························· 147

附表：酒店餐饮管理所涉及表单 ·························· 157

第6章 酒店成本管理 / 163

6.1 酒店成本的概念、组成和分类 …………………………… 164
　　6.1.1 酒店成本的概念 …………………………… 164
　　6.1.2 酒店成本的组成 …………………………… 164
　　6.1.3 酒店成本的分类 …………………………… 164
6.2 成本核算的方法和步骤 …………………………… 166
6.3 控制成本的 4 个重点 …………………………… 168
6.4 成本管理的两大核心 …………………………… 170
　　6.4.1 餐饮成本控制 …………………………… 170
　　6.4.2 客房成本控制 …………………………… 177
附表：酒店成本管理所涉及表单 …………………………… 181

第7章 酒店安全管理 / 187

7.1 安全工作，必须"零容忍" …………………………… 188
7.2 酒店经理安全管理的任务 …………………………… 189
7.3 安全事故类型与防范 …………………………… 191
　　7.3.1 内部安全事故处理 …………………………… 191
　　7.3.2 外部安全事故处理 …………………………… 193
　　7.3.3 突发事件处理 …………………………… 194
　　7.3.4 其他事故处理 …………………………… 195
7.4 配置安全隐患防范和救助设备 …………………………… 196
附表：酒店安全管理所涉及表单 …………………………… 197

第8章 酒店营销管理 / 203

8.1 营销工作，将酒店推向更大市场的推手 …………………………… 204
8.2 酒店营销管理主要内容 …………………………… 206
8.3 酒店经理的营销职责 …………………………… 206
　　8.3.1 研究、抓住消费者核心需求 …………………………… 206

8.3.2　打造符合消费群体的产品组合 ·············· 208

8.3.3　制订具体的市场营销战略·············· 210

8.4　酒店营销技巧 ·············· 214

8.4.1　品牌营销·············· 214

8.4.2　广告营销·············· 216

8.4.3　人员营销 ·············· 220

8.4.4　公关营销 ·············· 221

8.5　"互联网＋酒店"营销 ·············· 221

8.5.1　App 营销·············· 221

8.5.2　微信营销 ·············· 223

8.5.3　O2O 营销 ·············· 225

附表：酒店营销管理所涉及表单 ·············· 226

第 9 章　善于创新，打造特色主题酒店 / 231

9.1　主题酒店是酒店业未来的主要出路 ·············· 232

9.2　掌握主题酒店打造的方法 ·············· 233

9.3　主题酒店的经营原则 ·············· 236

9.4　文化主题酒店管理案例分析 ·············· 238

9.5　民宿主题酒店管理案例分析 ·············· 240

9.6　亲子主题酒店管理案例分析 ·············· 244

9.7　主题酒店在发展过程中存在的问题 ·············· 246

参考文献 / 249

第 1 章

酒店经理的职责与权限

　　酒店经理大多居于企业的中层，上需要对高层、董事会负责，下需要对各所属部门、员工负责。因此，常常起着承上启下的作用，是整个酒店的"枢纽"，既要参与高层政策、计划的制订，又要带领基层员工很好地去执行。

1.1 酒店管理概述

酒店经理是当前的热门职业之一，因为随着商业、旅游业的蓬勃发展，酒店服务业成为一个欣欣向荣的朝阳行业。无论是传统的餐饮类酒店、商务类酒店、大型星级酒店、中小型连锁酒店，还是新兴的旅游观光民宿、汽车酒店、互联网＋酒店等都离不开优秀的酒店经理。酒店经理是酒店的"掌舵人"，负责整个企业经营和管理，无论哪一类酒店都需要良好的经营和管理来支撑。

随着越来越多的年轻人深深喜欢并决定投身于这个职业，一大批新的酒店职业经理人应运而生。那么，对于新人来讲如何做好这个职业呢？首先需要充分了解酒店服务业整个行业的发展态势，知道什么是酒店管理，酒店管理有哪些内容，从事酒店管理需要具备什么样的素养和能力。

1.1.1 酒店服务业的发展态势

酒店服务业是随着我国改革开放浪潮逐步成长起来的新兴服务产业，20世纪80年代初兴起，经过近40年的发展，逐步成为经济发展的支柱产业和国民经济新增长点。2012年后，随着市场需求、消费者需求的变化，酒店服务业又呈现出了新的发展态势，具体有以下3个特点。

（1）供给端趋稳，新增供给压力缓解

酒店行业供给端已经趋于稳定，新增供给压力缓解，现有存量房可以满足市场的需求，野蛮式增长暂告一段落，入住率和每间可销售房收入（Revenue Per Available Room，简称 RevPAR）有望提升。

（2）中高档酒店发展提速，市场空间广阔

酒店服务市场随着我国居民收入的增加在不断变化着，最大的变化之一就是对酒店服务的要求大大提升，这促进了中高档酒店迅速发展。预计2022年，中国中产阶级数量将从2012年的1.74亿家庭增长至2.71亿家庭。未来，我国中高档酒店市场的潜在消费人群有望以年增长10%左右的速度持续扩大。可见，中高档酒店市场空间广阔。

（3）连锁酒店格局形成，净开店数量增加

随着酒店行业整合步伐加速，国内连锁酒店格局逐渐清晰，巨头之间竞争

愈发激烈，新开店数量持续增长。2018 年全年，净开店数量大致呈现逐季升高的趋势，并在第四季度迎来开店高峰。2019 年，各大酒店集团加快开店进程，第一季度净开店数量较 2018 年同期大幅增加。

比如，华住集团在 2019 年第一季度上调全年开店指引，由原来 800～900 家上调至 1100～1200 家，截至 2019 年 3 月底，华住拥有的规划中的酒店数达 1311 家；首旅酒店 2019 年计划新开店不少于 800 家，较 2018 年开店计划 450 家同样显著提速；格林豪泰截至 2019 年 3 月底拥有待开业酒店数量 481 家，较 2018 年末大幅增加 51 家；锦江酒店虽未对开店指引做出调整，但第一季度净开店 188 家，较 2018 年同期增加 15%，开店水平在同业中处于领先位置。

就管理层面而言，酒店管理作为一门独立的管理类学科，其经营管理已经非常完善，在人才引进、市场竞争参与上也逐步走上正轨，一个管理科学、具有鲜明特色的现代化酒店服务业正在形成。

酒店本质上是企业，但在经营上又不完全等同于企业，因为所提供的产品具有特殊性。酒店以服务为主，集住宿、餐饮、会议、娱乐和健身于一体，经营好一家酒店需要时刻提升服务质量，提升客人体验，满足他们在精神层面上的需求。

1.1.2 酒店服务业的 3 大特点

酒店服务业是一个特殊的行业，在其经营管理上也必然有着自身的特点，因而从事酒店管理必须把握好这些特点，因时因势而异。这些特点具体表现在 3 个方面，如图 1-1 所示。

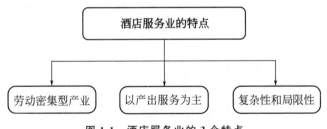

图 1-1 酒店服务业的 3 个特点

（1）劳动密集型产业

酒店服务业是典型的劳动密集型行业，对劳动力的依赖性非常大。尽管在"互联网＋"的带动下，很多大酒店已经实现了电子化、机械化、自动化，很多工作可以通过网络化来完成，但很多关键性的工作仍然需要大量人力来完成。总之，与其他行业相比，酒店服务业仍需要大量手工操作，依靠人与人的配合来完成。因此，酒店服务业中人力成本在整个工作中仍占有很大的比例。

（2）以产出服务为主

酒店服务业是第三产业的典型代表，产出以服务为主，在现代社会里，服务已经成为人们不可或缺的需求，这也是酒店业蓬勃发展的主要原因。如果把服务称为一个"产品"的话，酒店就是工厂，需要源源不断地供应产品，同时不断创新。因此，服务这种无形的产品与大多数有形产品相比有很多特殊性，这也直接决定了酒店管理的特殊性，具体内容如表 1-1 所列。

表 1-1　酒店服务产出的特殊性

1	无形性	酒店服务指的是酒店在客人在酒店入住、消费期间而提供的使用价值总和。这里的使用价值总和相当一部分是服务和劳务输出，无法用同一的数量，或规格去衡量。产出的所有产品都分散和隐含在整个消费过程中，我们看不到，客人也看不到，当客人离开时也无法带走
2	时间性	即随着时间的流逝，酒店产品的价值就会消失，如酒店客房、酒店提供的会场等。酒店产品不可能像工业产品那样，在生产出来后可以储存一定的时间，然后再在市场上出售
3	不可转移性	由于酒店产品依托固定的建筑物，酒店无法超越建筑物的空间来出售，这意味着不可转移性，必须在特定的时空中才能享用。其实这一特点恰恰制约了酒店的发展，使酒店在市场竞争中处于不利地位。目前也有不少酒店试着突破这一限制，如连锁酒店、家庭餐厅等较灵活的经营模式日益普遍
4	情感性	与消费实物产品不同，人们在消费酒店产品的过程中，除了服务设施、菜肴酒水等，还涉及人与人之间的情感互动。这种酒店服务人员与客人之间的情感沟通，使客人产生情感的倾向性，这样既满足了客人情感需求，同时也实现甚至超值实现了酒店产品的使用价值

（3）复杂性和局限性

复杂性、局限性是针对酒店业所输出的"产品"而言的，也是该"产品"的 2 大特征。长期以来，这两个特征成为限制酒店服务业发展的主要原因，具体表现在产品的"生产"过程和质量管控上，如图 1-2 所示。

1）复杂性

复杂性体现在"生产"过程上。酒店以劳务输出为主，服务是主打产品，其"生产"过程要比实物类产品复杂得多。往往是手工劳动和脑力劳动的结合，必须以客人的需求为前提和基础，同时对服务人员的独立操作能力、应变能力要求非常高，根据实际情况随时可能出现改变"生产"程序的情况。也正因为这一特点，酒店服务的"生产"过程很难像工业生产那样实现规模化、流水线化。

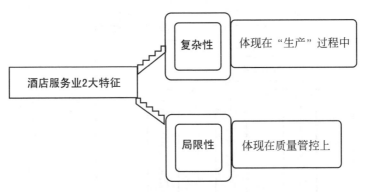

图 1-2 酒店服务业 2 大特征

因此，为保证酒店产品生产过程的流畅和质量的稳定，各部门、各岗位需要通力合作、综合协调，产品生产的工序要兼顾客人个性化的需求，每道工序之间精准配合。只有这样，才能生产出完整的高质量的酒店产品。

2）局限性

局限性体现在质量评估、管控上。买一件衣服、一件家具等实物，通常可以依据产品所表现出来的状况做出质量好坏的判断，而酒店产品在这方面有很大的局限。

一方面酒店产品是无形的，且生产过程和消费过程几乎同时进行，只有把整个过程贯穿在一起看成一个整体才可能对质量做出大概评价，具有严重的滞后性；另一方面，酒店产品质量的高低没有严格的执行标准，通常与客人自身感受有着密切的关系，同一酒店产品在不同的客人身上会得到不同的质量评价结果。

1.1.3　不同规模酒店的组织架构图

从行业范畴上划分，酒店业属于服务行业，根据服务类型的不同可以将此分为两大类。一类是内务，也叫后台服务，包括人事、财务、采购等辅助营业部门；另一类是外务，即前厅服务，包括餐饮、房务两大营业部门。

据此，可以确定一个酒店的基本组织架构，人事、财务、采购、餐饮、房务等几大部门必不可少。如果是大型的、综合性的酒店，组织架构会复杂些，除上述几个基本部门外，还需要根据需求另设立相应的部门。

（1）大型酒店组织架构

大型酒店规模较大，会细分很多部门，以保证部门之间能够良好合作，促使工作顺利开展，具体如图 1-3 所示。

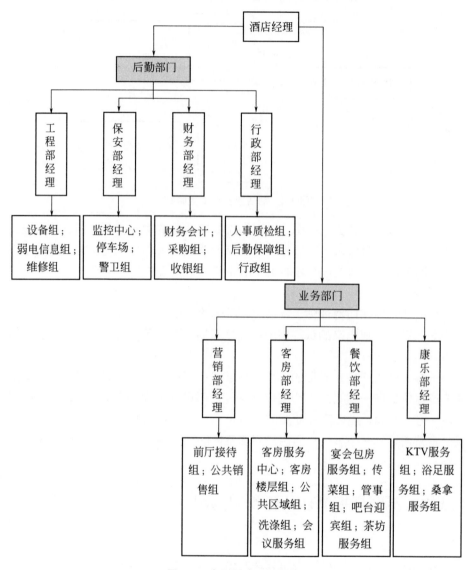

图 1-3　大型酒店组织架构

（2）中小型酒店组织架构

中小型酒店组织架构比较简单，功能也比较单一，酒店经理可以直接领导各部门展开各项工作，主要管理餐饮和住宿两个方面。中小型酒店组织架构如图 1-4 所示。

可见，酒店组织架构的设置与其管理性质、特点、规模等都息息相关。一个企业要想取得较好的发展，基础就是有一个科学、合理的组织架构。因为对

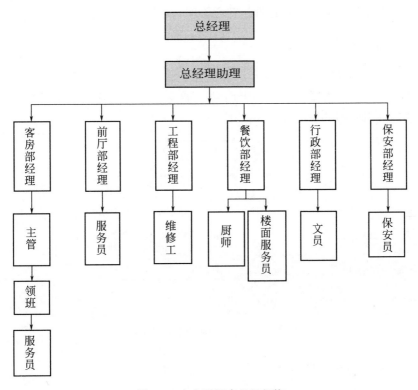

图 1-4　中小型酒店组织架构

于一个企业来讲，组织架构设置得是否科学、合理，直接影响着经营成果和经济效益。那么，什么样的组织架构才算科学、合理呢？ 一般来讲可用以下 5 个原则去衡量，具体如表 1-2 所列。

表 1-2　酒店经理设置组织架构时应遵循的 5 个原则

原则 1	本着实事求是的原则,结合酒店自身的管理需求
原则 2	遵循统一领导、分级管理的原则
原则 3	避免横向兼职
原则 4	管理层不要过多,结构尽量精简
原则 5	不要出现空白职位,不要有潜在重复职位

1.1.4　酒店管理的 4 项核心内容

　　酒店管理是对酒店各个部门、多种业务的一个综合管理，因为各个部门、各种业务有着明显的区分，酒店管理有着繁琐、庞杂的特点。酒店管理主要内容包括业务管理、服务质量管理、安全管理、财务内部控制。

（1）业务管理

酒店的各级负责人要明确自己的业务，深刻认识到自己所管辖业务的内容、性质，并熟悉事前、事中、事后各个业务环节，以确保酒店业务正常开展。酒店业务管理的具体内容如图1-5所示。

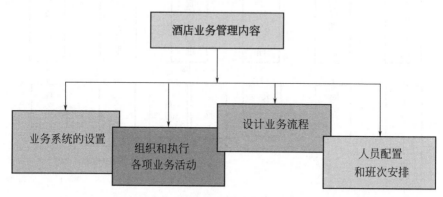

图1-5　酒店经理的业务管理内容

（2）服务质量管理

现在是体验经济时代，企业经营尊崇服务至上的原则，以给客人营造完美的服务体验。酒店作为服务业不可分割的一部分，服务质量已成为生存与发展的生命线。客人对酒店服务是否满意，成为衡量酒店服务质量的唯一标准。

因此，酒店要想在竞争中脱颖而出，必须完善服务制度，提高服务质量，强化客人满意度。

酒店服务包括有形服务和无形服务。酒店虽然本身并不出售产品，但为给客人提供良好的服务，需要必要的实物支持，比如，提供的餐饮、酒水、就餐餐具，以及住宿用品等，一定要保证质量，满足客人的最基本需求，坚决杜绝以次充好、以假乱真，否则就会给客人留下很深的负面印象。

案例 1

刘先生与朋友到某酒店餐厅就餐，点了盘红烧全鸡。然而，当服务员将刘先生的红烧全鸡端上桌之后，刘先生突然大声质问："怎么缺一只鸡腿？"

经查，原来当时还有一桌客人也点了这道菜，而厨师在装盘时粗心大意，给刘先生的那个盘子里少装了一只鸡腿。餐厅经理见状，连忙向刘先生解释道歉，并承诺重新做一盘红烧全鸡，或者将这道菜免单作为补偿。

刘先生说："这样的酒店不知道哪位客人还愿意再来光顾，下次求我来，我也不来。"刘先生等人坚持认为酒店欺诈，最后，酒店只好为刘先生免了单。

以上案例说明餐饮服务具有一次性特点，我们要接待好每一位客人，给客人留下良好印象，使客人经常光顾。有形服务这些东西虽然大多数只是酒店管理的辅助性东西，但直接关乎着酒店的服务质量，是酒店服务质量管理的关键。

酒店无形产品是指酒店员工的服务，包括服务态度、服务方式、服务水平、礼仪细节等，是酒店服务实现个性化和竞争差异化的主要途径。

案例 2

白领王女士由于常常出差，经常下榻各式酒店。而她对酒店服务是十分挑剔的，在逗留期间经常会对酒店服务加以评价，比如这家员工素质低、那家服务态度不好等，能得到王女士认可的酒店确实很少。

一次，王女士因公住在一家五星级酒店里。她平日里非常喜欢鲜花，到了客房就在花瓶中放了一枝鲜玫瑰。可是由于公务繁忙，她没有时间更换新的鲜花。服务员将此看在眼里，记在心里，在征得了客房主管的同意后，她主动为王女士换上了一枝玫瑰花，并送上祝福："祝您像鲜花一样漂亮！"王女士见到此景非常感动，没想到服务员这么用心地为她服务，她由衷地为此五星级酒店的客房服务点赞。

本案例充分体现了该酒店服务人员的热情、真诚的服务态度，想客人之所想，真心关心客人，并且对客人观察细致入微，真正体现了现代酒店人性化的服务理念。

酒店不仅为住客提供住宿载体，而且还为住客提供住店期间所需的各种服务。无形服务质量的好坏直接影响客人对酒店服务的评价。酒店无形服务的具体内容如表 1-3 所列。

表 1-3　酒店无形服务的具体内容

项目	具体内容
服务技能	基本的操作技能和丰富的专业知识
服务态度	主动、热心、虚心、耐心
服务效率	准确、方便、快捷、优质
职业道德	全心全意为客人服务、客人至上、爱岗敬业
礼貌礼节	微笑服务，亲切友好沟通，主动帮助，注重礼节

（3）安全管理

酒店安全管理一般有两项，一是酒店安全，二是客人安全，如图 1-6 所示，通常由保安部门管理人员、执行人员，以及服务人员共同完成。当然，保安部经理负有直接责任，尤其要做好防范工作和应急救助措施。一个酒店主要的安全应急救助措施如表 1-4 所列。

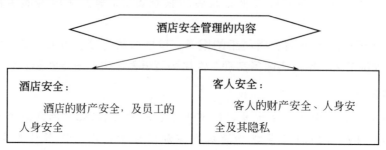

图 1-6　酒店安全管理的内容

表 1-4　酒店安全管理防范和应急措施

措施 1	安全事故日常检查与预防
措施 2	配合消防、公安及相关部门
措施 3	组织特定人员定期或不定期巡逻和检查
措施 4	防盗和犯罪管理

（4）财务内部控制

酒店是集餐饮、居住、娱乐、购物于一体的综合性、多元化服务企业，具有营业部门多、收入金额大、财产物资分散等特点。因此财务的内部控制也成了现代酒店经营管理的核心。

财务内部控制确保会计资料的真实性、可靠性和财产物资安全。酒店财务内部控制有两大主要业务，一个是收入控制，另一个是成本费用支出控制。

1）收入控制

酒店收入控制包括客房收入控制、餐饮收入控制和其他收入控制。因此，在内部控制上也应该从这 3 个方面入手。

① 客房收入财务内部控制。包括严格把控客房保证金、预收定金的内部控制；严格把握客房收入稽核的内部控制；严格把控房价折扣权限的内部控制；严格把控换房内部控制。

② 餐饮收入财务内部控制。包括票、卡的保管与领用；小票的检查核对；餐厅领位记录核对；优惠折扣控制。

③ 其他收入财务内部控制。包括房间小酒吧、洗衣收入、商务中心、商场、汽车服务等收入的内部控制。以上收入在酒店的整个经营过程中所占份额较小，内部控制的方法也可以适当简化。

2）成本费用支出控制

酒店的成本费用支出控制包括客房物品采购成本控制、餐饮成本控制、人力资源成本控制和设备维修更换费用控制。

① 客房物品采购成本控制。客房物品采购是酒店最难监控的环节之一，客房物品质量要求一般较高，储存周期短，采购次数多，所用采购人员多，一部分物品需要从境外购进，这种情况决定了酒店采购内部控制有别于其他行业采购的控制模式。在控制中强调请购、报批、订货、验收，最后核准付款的控制。

② 餐饮成本控制。酒店餐饮经营成本比客房、娱乐经营成本要高，因此餐饮成本控制要建立标准，防止浪费。餐饮部各餐厅菜单上的每一道菜肴，都必须有一份标准的成本核算单。每一道菜肴的标准分量、烹饪规格、操作方法，所有原料和辅助配料的名称、分量、单价都必须一一核算并记录在案。

③ 人力资源成本控制。人是酒店经营管理的根基，配备高素质、高效率员工，加强员工培训才能提升酒店服务质量，创造利润。只有提供高质量服务，才能在激烈竞争中获得更大市场份额。

④ 设备维修更换费用控制。设备维修更换费用是酒店财务控制的重要组成部分，是维持酒店核心竞争力的重要手段。要控制好酒店能源耗费、日常维修备件备料、设施设备翻修改造工程费用支出。

1.2　酒店经理的角色与职责

1.2.1　酒店经理的角色流转图

纵观那些优秀的酒店都有一个有为的经理来掌舵。酒店经理是酒店管理工作的核心，只有在经理的统一领导和带领下，整个酒店的工作才能正常运转。然而，酒店经理这一职位绝不是人人都可以胜任的，由于管理的复杂性，经理常常需要在不同的工作中扮演不同的角色，穿梭于领导、组织、协调和沟通各个环节之中。酒店经理在整个管理过程中常常需要扮演好 6 种角色，具体如图 1-7所示。

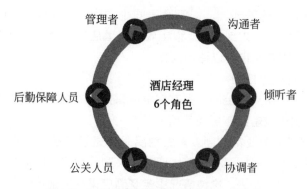

图 1-7　酒店经理在管理中扮演的 6 个角色

（1）管理者：制订酒店的规章制度，并监督执行

管理者是整个酒店领导层的核心，因此，首先必须承担起一个管理者的职能，发挥自己在团队中领头羊的作用。

酒店经理一个重要职责就是制订企业的总发展目标、各项管理制度等，并领导、激励所有员工实现这个目标。当然，这个目标长短与酒店发展阶段有关系，如果酒店处于发展的初期，经营目标比较小，可先制订些容易实现的、短期可实现的目标；如果处于发展的中后期，经营目标比较远大，则可制订一些战略性、有远大前景的目标。一般情况下，最好长短期兼顾，立足于长期目标，先实现小目标，然后分阶段逐步实现最终目标。

酒店经理不仅要承担起目标制订的重任，还要督促员工坚决执行，根据执行情况做进一步优化和改进。通过"发现问题-提出问题-解决问题"，带动所有员工将目标变成现实。在这个过程中，酒店经理要做好管理职权，做好监督和跟进。

（2）沟通者：位居中层，做好信息的上传下达

酒店经理沟通者的角色主要是做好信息的上传下达，将高层的命令、指示和会议精神传达给基层，同时，将基层的意见和建议反馈给高层，做好高层和基层的桥梁，以保证信息传递的畅通无阻。

在这里要重点谈论下沟通对基层人员管理的重要性。现代的管理早已摆脱了强权管理，压力管理。最有效的管理就是与下属充分地沟通，让下属在一个相对宽松的管理氛围中表达自己。事实证明，一个合格的经理人会将 80% 以上的时间用在沟通上，无论下达指示、日常开会，还是绩效评估，都离不开沟通，一个酒店经理如果连沟通工作也做不好，也绝不可能做好整个管理工作。

因此，一个优秀的酒店经理，必定是一个懂得沟通，并善于沟通的人。同

时，只要懂得沟通，善于沟通，做好管理工作也是顺理成章的事情。

（3）倾听者：虚心接受来自各方的批评与建议

倾听的对象主要是被管理者和客人。酒店经理作为企业的舵手，如何实现开明的管理，其中一个最主要举措就是多搜集来自各方的信息，并对这些信息进行甄别，最终将信息为我所有，完善管理工作。

而要想多搜集信息必须立足于倾听，与员工、客人以及其他外部组织保持沟通，与不同的人进行交流，虚心接纳对方提出的意见，从而多分析，多思考，摘取有用的信息。

（4）协调者：协调各部门的矛盾和冲突

酒店经理作为酒店的核心人物，需要有很好的协调能力，能自如地处理不同部门之间，不同利益团体的矛盾，在出现矛盾后，能够第一时间找出问题所在，并提出解决方案，化解矛盾和冲突。

酒店经理不仅要协调内部部门、员工之间的矛盾冲突，同时也要解决酒店与客人之间的矛盾和冲突。最有效的方式是坐在一起心平气和地协商，权衡各方的利益，以达到双赢的目的，从而营造良性内部环境，维护团队团结。

（5）公关人员：化解外界非议，维护酒店形象

对于酒店内部的矛盾和冲突可以采用协调的手段，当酒店遭遇外部危机、恶性竞争等，酒店经理就要扮演公关人员的角色，率先出来发声，表明态度，维护酒店的利益和形象，必要时要亲自坐镇，负责一切对外联系的协调工作。

（6）后勤保障人员：做好酒店的"后勤"保障工作

一个优秀的管理人员不是时时事事冲在最前面，冲锋陷阵，而是为各个部门工作的顺利开展提供后勤保障。

因此，酒店经理要做好各部门的后勤保障，纵览全局，权衡各个部门、各个利益群体、企业内外部的利益，为他们提供人力、物力、财力资源，尽最大可能扫除障碍，为工作的顺利开展铺好路。

1.2.2　酒店经理的日常职责表

酒店经理扮演的角色如此之多，要处理的日常事务也非常繁杂，那么，在具体执行时该如何保持高效呢？这就需要十分了解自己的职责所在，以做到抓住重点，有的放矢。

案例3

下面是某酒店一个酒店经理的工作计划表，从这份表中可以看出酒店经理日常工作有哪些职责，如表1-5所示。

表1-5　某酒店经理的工作内容

周期	时间	内容
每天	8:00～9:00	开启信箱，走动检查
	9:00～10:00	阅览中高级管理人员工作日记，准备早会
	10:00～10:30	早会
	10:30～12:00	专题会
	12:00～13:00	用餐
	14:00～18:00	约见各部门负责人或员工，了解工作情况，向上级汇报
		巡视各部门的工作情况
		参加公司安排的其他活动
	18:00	用餐
	20:00～21:00	巡视各部门的工作完结情况
	21:00～21:30	工作日记，工作总结，心得体会
每周	周一下午	周例会
	周六下午	讨论各部门问题；对重要问题做决定；检查周计划完成情况
		注：如有其他重要安排，这两个会议可与当天早会一并进行
每月	月第一周的周三下午	员工自由谈
	月末至下月初3～5天	月财务分析会；月工作质量分析会；月市场营销分析会；月安全检查分析会
	月初3～5天	向董事会汇报上月工作情况
	月末周的周四10:00～21:00	酒店经理接待日
	月第二周的周三晚	员工集体生日
每季	季末最后一周的周五	召开全体员工大会
每年	年底	年底总结；次年财务预算；次年工作计划；安排酒店星级复核时间
	春节至元宵节	迎新春茶话会；安排拜年活动；参加每年一次由当地旅游酒店协会召开的会员大会

从以上案例中可以总结得出，酒店经理的主要职责如图1-8所示。

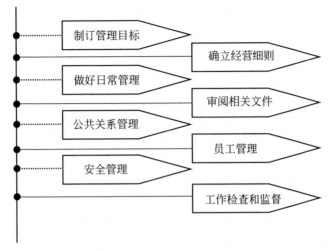

图 1-8　酒店经理的主要职责

（1）制订管理目标

制订酒店的管理目标和经营方针，包括制订各种规章制度和服务操作规程，明确各部门负责人、员工的职责；建立、健全酒店的组织管理系统，使之合理化、精简化，让各部门各岗位工作程序化、科学化、规格化、标准化，并定期监督和检查工作的进展情况。

（2）确立经营细则

为实现酒店经营目标制订具体的措施和方案，和酒店全体员工共同努力，及时完成酒店所确定的各项目标。

如制订酒店的房价，要在了解市场行情的基础上制订本酒店的价格，使酒店的价格更具有竞争力。为了避免酒店经济损失，要制订及时回款措施，减少死账、呆账的产生。

（3）做好日常管理

全面负责处理酒店的总体事务，主持每天的早会、周例会、月市场分析会、年工作总结会，让酒店处于高效、有序的运转中。除此之外，定期检查日常业务运转程序和员工制度执行情况。

（4）审阅相关文件

传达政府、董事长（会）的有关指示、文件、通知，协调各部门之间的关系，使酒店有一个高效率的工作系统；及时审阅、明示酒店服务业务，批转工作报告和计划，阅读消防和质量检查情况汇报，并针对各种问题进行指示和讲评。

（5）公共关系管理

酒店经理能否处理好公共关系，将影响酒店的声誉和生意。酒店经理要做到亲自接待重要客人，给予较高的礼遇和优待；关照熟客、常客；处理好新闻界、环境保护、检疫、派出所、街道、海关、公安等各方面的关系。与社会各界人士保持良好的公共关系，树立良好的酒店形象。

（6）员工管理

与董事会协商选聘、任免酒店副总经理、总经理助理、部门经理等，决定酒店机构设置、员工编制及重要人事变革。负责酒店管理人员的录用、考核、奖惩、晋升等。

（7）安全管理

酒店经理要制订严格的安保制度和消防制度，做好消防演习，指示员工做好消防设施的安全检查，加强酒店维修保养工作和酒店的安全管理工作。

（8）工作检查与监督

定期巡视各部门的工作情况及公众场所，及时发现问题、解决问题。酒店经理要每天安排巡查时间或突击检查，具体内容如表 1-6 所示。

表 1-6　酒店经理每天巡查具体内容

序号	具体内容
1	检查服务人员对客人的态度及工作方法
2	检查各部门负责人对工作的处理情况
3	检查酒店客流量和餐厅生意情况
4	检查路牌、指示牌是否安放正确
5	检查酒店公共环境是否保持清洁
6	检查餐饮是否符合质量要求
7	检查客房家具、电器是否有损坏
8	检查酒店的周围环境，如绿化、花草
9	检查公共卫生间设备有无损坏，以及卫生情况
10	检查报修的设备维修情况

1.3　酒店经理应具备的素养

1.3.1　酒店经理的 5 大职业素养

现代企业十分注重德才兼备的人才，在人才的录用上不但看重其"才"，更看重其"德"。德是"才"的前提，没有"德"，再有才华恐怕也难以受重用。因此，酒店经理首先要有较高的思想道德水平，良好的思想道德素养。思想道德素养一般包括 5 个方面，具体如图 1-9 所示。

图 1-9　酒店经理 5 个最基本的思想道德素质

（1）遵纪守法

酒店经理开展公共关系活动、酒店安全、卫生防疫、环保节能等一切活动，都要在遵纪守法的基础上，这样，才能在社会公众中树立良好的形象，获得群众和客人的良好口碑。

（2）忠于职守

酒店经理要忠于职守，极力维护酒店利益，忠诚于客人、忠诚于投资者、忠诚于员工，决不能为了短期利益、个人利益、局部利益而损害长期利益、企业利益、整体利益。酒店经理一切的管理行为、经营决策都要把实现酒店价值最大化作为重要目标。

（3）爱岗敬业

酒店经理作为领导者，做到爱岗敬业，就要先热爱酒店行业，在追求实实在在酒店服务业绩的基础上施展自己的才华，让自己的事业更上一层楼；其次，酒店经理必须勤业，任劳任怨，把自己全部的精力投入到酒店管理中，承担起酒店工作的每一份责任，哪怕下一秒就要离开岗位；最后，酒店经理要尊重自己的职业，将酒店事业视为最高的荣誉，死心塌地地为酒店事业服务。

（4）团结协作

酒店经理想要做好酒店管理工作就必须有团结协作的精神，团结酒店所有员工，让每个人各司其职，分工合作，共同完成预期目标。

可以通过个别沟通的方式，也可以通过报告会、经理接待日等方式鼓舞士气，当然，酒店经理也要注重员工团结协作素质的培养，全面提高员工的素质，培养出一支德才兼备、吃苦耐劳的专业员工队伍。

（5）严守秘密

酒店经理在任职期间，有义务为正在服务的酒店严守商业秘密，不要将秘密泄露给别人，特别是竞争对手，否则，将受到行业的谴责和法律的制裁。

1.3.2 酒店经理的4项综合素质

酒店经理不仅要有较高的思想道德水平，还要有良好的个人形象、全面的基本素质、过硬的专业能力、良好的心理素质。

（1）良好的个人形象

没有良好的个人形象，职业性就会大打折扣，从而影响在其他人心目中的形象。所以，酒店经理要注意自己的形象，具体说明如图1-10所示。

（2）全面的基本素质

想胜任酒店经理一职需要有一定的基本素质，比如，见多识广，扎实的理论知识，丰富的管理经验；善于沟通，善于交际；宽容待人、与人为善的性格；敏锐的观察力，接受新事物、新观念的能力；较强的心理承受力和忍耐力；良好的口头表达能力、文笔；在国际性酒店，如果能掌握一门外语更占优势。

（3）过硬的专业能力

专业能力是酒店经理职业素质的重要组成部分，主要表现在管理能力上，包括对员工、对企业以及其他综合管理上，具体内容如图1-11所示。

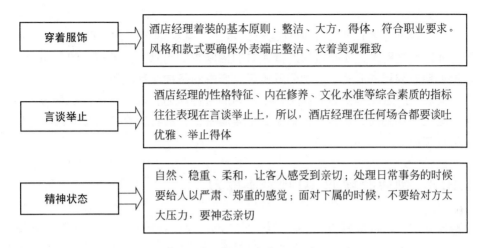

图 1-10 酒店经理形象素质具体说明

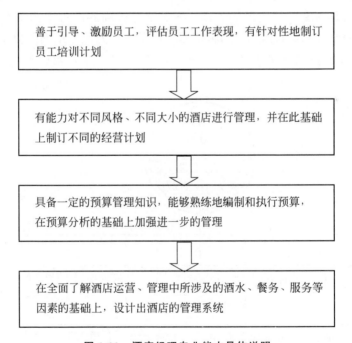

图 1-11 酒店经理专业能力具体说明

（4）良好的心理素质

超乎常人的心理承受力，坚忍不拔的意志，果敢的勇气，都是作为管理人员必须具备的，酒店经理也不例外。只有具备这样过硬的心理素质，酒店经理才能从容面对酒店管理工作中各种复杂的问题，处理各种琐碎的事务。

酒店经理想要在员工中树立自己的威望，就要学会忍耐，只有战胜了自己，才能战胜别人，才能对别人有绝对的控制权。当然，有了超人的忍耐力，才能调整好自己的心态，成功化解酒店工作中的各种冲突和矛盾。

同时，酒店经理要想克服工作中遇到的各种压力，就要有坚强的意志，碰到酒店工作中的压力和困难的时候，不要沮丧，要从容、冷静、有条有序地做好每项工作。

1.3.3　酒店经理的 10 项基本能力

俗话说"实践出真知"，实践是个伟大的揭发者，最有说服力，暴露一切欺人和自欺意识。也就是说，一个人意识再强、素质再高都是纸上谈兵，最终能否证明自己还要看实践。

酒店经理想要胜任自己的工作，不仅要有较高的思想道德水平、职业素养，还要有超强的实践能力。酒店管理涉及很多个方面，烦琐而复杂，所以，酒店经理必须具备多种能力才能在工作中游刃有余，具体能力如图 1-12 所示。

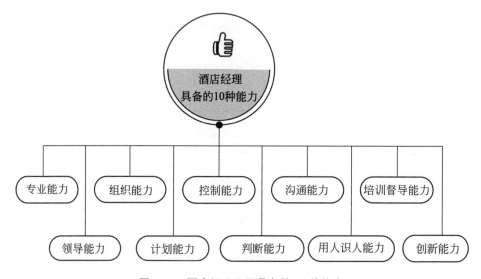

图 1-12　酒店经理必须具备的 10 种能力

（1）专业能力

酒店经理要掌握客服、康乐、餐饮、安保等方面的业务知识，并会灵活运用在实践中，这是最基本的要求。

（2）领导能力

酒店经理要有指导团队成员实现团队目标的能力，也要有授权、引导、执行管理和管理关系等能力。

（3）组织能力

酒店经理能够通过系统协调各部门之间的物力资源、人力资源，提升各部门工作效率，达到管理的目的。

（4）计划能力

酒店经理要先确立工作目标，制订工作方针，拟定相应的实施方案，在工作中及时提出工作的方法、改善工作流程等。

（5）控制能力

酒店经理要具备控制酒店成本、监督员工工作、纠正偏差、向上司反映工作困难以寻求帮助和支持的能力，并适时做出修正行动，把控工作进度，以确保顺利实现工作目标。

（6）判断能力

酒店经理要能够站在酒店发展的高度上，做出自己的判断，并提出自己建设性的意见和独到的想法，这样才能够总揽全局，保持上下统一，认准方向，齐头并进，保证酒店协调、健康发展。

（7）沟通能力

酒店经理要具备过硬的沟通能力，掌握一定的沟通技巧，协调好周围的人际关系，处理好与员工、客人等不同人群的关系，特别是客人的投诉，一定要处理恰当。

（8）用人识人能力

酒店经理要会下达指令、指挥好下属工作、起到好的监督作用，同时要主持各种会议等，用激励和考核的方式调动员工的积极性。

（9）培训督导能力

一个好的酒店经理本身就是培训师，能正确指导员工进行各项管理和操作，当然，各种非正式任务的指导也要酒店经理去做。

（10）创新能力

酒店餐饮市场是在不断变化的，要想赶上节奏，酒店经理必须要会创新。况且酒店经营本来就复杂多样，酒店经理只有具备了创新能力，才能根据实际情况设计出效率高的经营组织，并有正确的分析和评估，通过实践保持收入和利润的增长。

第 2 章

员工管理

　　对于酒店经理而言，管人和管事是管理工作的两大板块，其中管人是重中之重，也是最基础的。某种意义上讲，只要把各个层级、各个部门的人管理好了，很多事情都会迎刃而解。从这个角度看，做好员工管理是首要任务。

2.1 负责人才招聘和筛选

2.1.1 对酒店从业人员的要求

一位管理专家说过，"酒店就是一支不穿军装的军队"，基层服从管理层，管理层服从客人，客人的需求就是行动的最高指令。酒店餐饮行业核心在服务上，宗旨就是为客人提供满意、多样化、高体验的服务，包括前厅、餐饮、住宿、文娱以及其他诸多方面。任何一方面做得不好都会影响到酒店的整体服务质量，给客人留下不良的印象。

所以，酒店经理在招聘酒店工作人员时，首先必须强调服务意识，服务意识是衡量一个服务人员是否合格的最起码标准；其次，要看对行业的认知，包括态度、世界观、价值观、思想道德水平是否符合行业要求、符合酒店要求；最后看其工作能力，包括专业知识、学历、工作经验、工作技能等，进一步考察其能否胜任所聘职位，如图 2-1 所示。

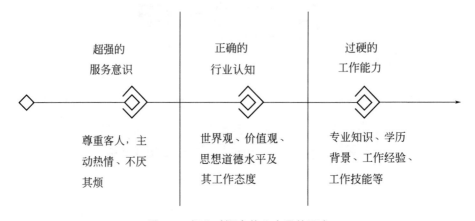

图 2-1　行业对酒店从业人员的要求

2.1.2 新员工招聘原则

酒店经理直接掌握着酒店人才的"生杀大权"，老员工辞职要经理审批，新员工入职也要直接过酒店经理这一关。新员工的选聘直接关系到酒店服务质量的好坏，因此，酒店经理在人才招聘和筛选环节要慎之又慎，只有把人员配备好了，才能为客人提供优质的服务。

图 2-1 所示的 3 点既是行业对酒店从业人员的要求，也是酒店经理在招聘人员时应该坚持的 3 项基本原则，而且原则的顺序不可颠倒。服务意识是先考察和重点考察的，其次是对行业的认知，最后是专业技能。

值得注意的是，在选人时除了遵循以上要求外，还需要密切结合酒店自身的用人需求。

（1）各部门的职位划分

职位划分即岗位分类分级，正确的职位划分是各部门确立用人数量的基础，是配备员工的前提。职位划分，既要考虑到同一部门各职位间的重合率、配合度，又要考虑到不同部门间是否重合，是否是最佳配置。职位划分不能过多，也不宜过少，要围绕酒店规模、客流量、最大承载量等需求进行划分，因此，酒店经理在对职位进行划分时可按照以下 4 个步骤进行，如图 2-2 所示。

根据公司岗位说明书资料，将公司现有的各类岗位进行大类汇总，确定每一个大类中包含的各子类职位

确定公司产品销售相关的营销岗，比如销售、产品管理、市场推广、售后服务、品牌管理

确定为公司提供服务的服务岗，配备服务组、前台、客房、餐饮、文娱中心等，凡是与服务相关的都可以合并到这一个职位

确定行政后勤等专业行政岗，这是支持公司运营必不可少的岗位，一般包括人力资源、总务、公关、行政、财务、后厨等

图 2-2　酒店经理职位划分的 4 个步骤

当然，经理在职位划分时要根据各部门的实际情况进行，在此基础上结合以上 4 个因素综合考虑人岗匹配度。

（2）人岗匹配

人岗匹配是选人的一个重要原则，想做到这一点，酒店经理就需要先做好岗位分析，这也是控制酒店人力成本的关键。

岗位分析是对企业各类岗位的性质、任务、职责、劳动条件和环境，以及

员工承担本岗位任务应具备的资格、条件所进行的系统分析与研究，并由此制订岗位规范、工作说明书等人力资源管理文件的过程。那么，酒店经理如何进行岗位分析呢？ 重点要解决以下 6 个问题，如图 2-3 所示。

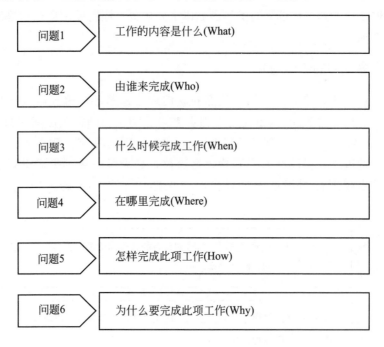

图 2-3　酒店经理岗位分析所考虑的 6 个问题

2.1.3　新员工招聘流程

用人部门某岗位出现空缺，相关负责人首先要提前一个月向人力资源部申报，以书面的形式提出正式申请（填写人员增补申请表）。当申请被人力资源部审核合格后，根据需求拟定招聘计划，同时上报总经理审核。

需要注意的是，人力资源部要将申请表副本交给用人部门，表示此申请已被批准，并配合用人部门做好具体的招聘工作。

无论是用人部门的人员增补申请，还是人力资源部的招聘计划最终都必须经总经理，或更高层的领导审批、签字。这时，作为酒店经理就要负起监督监管之职责，看人员增补申请、招聘计划等是否符合规定，同时将意见反馈给人力资源部。

酒店经理招聘工作流程，如图 2-4 所示。

酒店经理在对人员增补申请表、招聘计划进行审批时，具体审核以下几点。

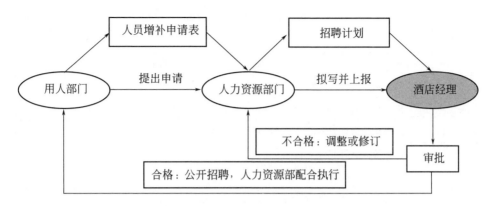

图 2-4　酒店经理招聘工作流程

（1）人员增补申请表填写是否完整

用人部门填报的"人员增补申请表"要求增编人数、岗位、用工种类、增补原因等要填写清楚。人员增补申请表模板如表 2-1 所列。

表 2-1　酒店人员增补申请

增员部门			申请日期			
增员原因	员工离职( )员工辞退( )业务增量( )新增业务( )新设岗位( )					
说明						
人员需求信息						
岗位名称	人数	工作内容	工作性质	用人标准	紧急程度	薪酬标准
人数总计：						

（2）招聘计划是否合理，执行性如何

对于招聘计划的审核主要看其内容安排是否合理，执行效果是否可以达到最优，以避免造成资源浪费，人力成本上升。

招聘计划的内容一般包括以下 8 个，具体如表 2-2 所列。

表 2-2　招聘计划的内容

序号	内容
1	人员需求清单，包括招聘的职务名称、人数、任职资格要求等内容
2	招聘信息发布的时间和渠道
3	招聘小组人选，包括小组人员姓名、职务、各自的职责
4	应聘者的考核方案，包括考核的场所、大体时间、题目设计者姓名等
5	招聘的截止日期
6	新员工的上岗时间
7	招聘费用预算，包括资料费、广告费、人才交流会费用等
8	招聘工作时间表要详细，以便于其他部门或人员配合

在衡量一个招聘计划是否可执行上，酒店招聘计划书模板如表 2-3 所列，主要看其招聘预算是否超出了总预算、招聘渠道和方式是否合理。

1）招聘预算

招聘预算是对员工招聘过程中所需的一系列岗位做出估计匡算，并且得到组织有关项目资金保证的运作过程。一般来讲，酒店在招聘过程中，对于未来一定时期内产生的招聘支出（成本）有严格控制和计划。招聘预算必须在总招聘支出（成本）承受范围之内。

2）招聘渠道及方式

招聘渠道直接决定着招聘的效果，采用什么样的招聘渠道要根据用人部门的用人性质、人数，以及自身所具有的渠道优势综合而定。

比如，招聘新人可采用校园专场招聘；招聘高层管理人员，或有一定经验人员最好与资深猎头、第三方招聘机构合作，由其推荐；如果招聘人员比较多，可采用线下宣讲会的形式，集中招聘；如果酒店自身在互联网体系建设上比较有优势，可采用线上为主、线下为辅的招聘形式。

表 2-3　酒店招聘计划书模板

酒店招聘计划书			
本次招聘目的：为酒店补充人员，提升酒店员工活力			
招聘总人数 （　）人	招聘单位 介绍	企业介绍 （包括平面展示广告、视频广告及可投放在手机端的 Html 5 广告等）	
		企业优势	
		薪资待遇	

续表

招聘职位	招聘要求
前厅部 （　）人	1. 普通话流利，良好表达能力； 2. 形象良好、气质佳，女性身高____以上，男性身高____以上； 3. 酒店管理专业及掌握英语或日语者优先
餐饮部 （　）人	1. 形象良好、气质佳，酒店管理或相关专业优先； 2. 良好的协调能力
财务部 （　）人	1. 财会类相关专业，具有会计师（或助理）资格优先； 2. 掌握财会专业知识及实际操作技能，职业操守佳； 3. 能熟练使用会计核算软件
公关部 （　）人	1. 公共关系专业、商务管理或相关专业优先； 2. 较强语言表达能力，良好的沟通协调能力； 3. 形象良好、气质佳，女性身高____以上，男性身高____以上
招聘对象	应届毕业生
招聘途径	1. 校园招聘； 2. 参加市应届毕业生供需见面会； 3. 招聘广告（网站）
招聘时间	2018 年 10 月 10～15 日
选拔方案 及时间安排	本次招聘主要通过两轮选拔，第一轮：笔试，由招聘单位组织，于 10 月 10～11 日进行；第二轮：面试，笔试合格者参加面试，于 10 月 12～15 日进行

2.2　做好新员工入职培训工作

2.2.1　新员工入职流程

　　一旦确定所招聘的人员，酒店经理就要对新员工进行入职指导培训，以让每个人尽快熟悉公司环境、工作职责以及注意事项等。

　　入职指导培训是新员工上岗前的第一堂课，要求酒店经理制订详细的计划，进行周密的规划，科学合理设计培训内容，最大限度地满足新员工入职需求。新员工入职培训具体可以分为 4 步，如图 2-5 所示。

　　（1）做好新员工报到工作

　　应聘人员被录用后，酒店经理要及时通知对方到酒店的人力资源部报到，

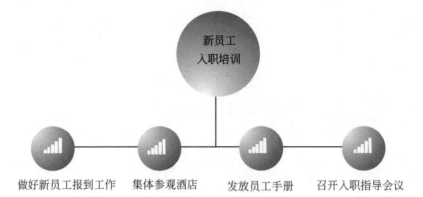

图 2-5　新员工入职培训 4 个步骤

并叮嘱用人部门按流程接受新人入职，各分部门经理全面讲解工作情况。

（2）集体参观酒店

为了新员工能够尽快适应工作环境，需要安排相关负责人带领新员工参观酒店，让新员工提前融入新环境，使其产生集体荣誉感。

这种参观活动，酒店经理千万不要忽视，这是激励新员工努力工作的重要一步，如果当时无法安排，可以将参观推迟到集体入职指导会议之后，但不可忽略。

（3）发放员工手册

酒店经理要发放员工手册，并让新员工仔细阅读。确保新员工对酒店规则、制度熟记于心，激励新员工全身心投入到工作中来，成为集体的一员。

（4）召开入职指导会议

入职指导会议一般安排在新员工入职两周后，如果提前召开，新员工对酒店工作环境不太了解、不太熟悉，可能提不出想问的问题，只有工作一个时间段才会对酒店手册上的规章制度、培训等各方面有一定疑问、有一定想法。

酒店经理召开入职指导会议时，要事先做好准备，要告诉新员工其所在的职位是酒店不可缺少的，强调新员工岗位的重要性，让新员工有荣耀感，并留出时间让新员工提出自己的疑问、自己的想法，并及时回答新员工提出的问题，对新员工的想法给予指导。入职指导会议结束，酒店新员工入职指导才算结束。

当然，入职指导会让新员工在自己岗位上有安全感和信心，让其顺利开展后期的正式工作。

2.2.2 服务礼仪的培训

酒店工作人员的仪容、仪表、仪态，以及动作、言行等都会对客人产生很大影响。当有新员工入职，酒店经理要及时督促相关负责人对新员工进行仪容、仪表、仪态、一言一行方面的培训，树立他们的礼仪意识，及时意识到仪容、仪表、仪态、言行等礼仪对工作的重要性，更好地塑造专业、有礼有节的良好形象。

案例

一个旅游团在导游的引领下走进了某酒店的中餐厅，此时已经是晚8:00。入座后，服务员便急忙把菜一股脑儿地端上了餐桌。由于放菜速度太快，客人误认为是"摔盘子"、不欢迎他们。

导游急忙把客人扶到座位上坐下，告诉他马上为他们解决问题，并把服务员叫到一旁，请她在上菜时慢一点，报一下菜名。一会儿，客人又闹起来了。"你看，他们一点规矩也不懂，盘子都摞起来了。"客人手指着服务员的鼻子对导游说。"我看到菜太多，摆放不下，又是普通团队用餐，所以就把新上的菜放到他们吃过的盘子上了。"服务员感到莫名其妙地向导游解释着。最后，客人都生气地纷纷离座。

客人们为什么会生气？追根究底是服务人员不注意礼仪礼节。在酒店服务人员应当掌握的服务技能中，服务动作的规范与否，直接体现出服务人员的礼貌礼仪，关系到服务的效果。

本例中服务员"摔盘子""摞盘子"这些举动，在酒店服务，尤其是高级酒店是坚决不允许的。上菜要轻轻放置在桌子预设的地方，如果新上的菜放不下，可问客人是否换个小盘子，千万不可直接摞在之前的菜盘上。

服务人员的一举一动看似是个人问题，其实关乎着酒店的形象。因此，酒店经理必须严抓新入职员工的礼仪培训，制订严格明确的仪容、仪表、仪态方面标准，并督促员工养成自检、自纠、自省的习惯。酒店女员工自检表如表2-4所列，酒店男员工自检表如表2-5所列。

2.2.3 表达能力的培训

沟通能力、表达能力是酒店员工必备的基本能力，也是开展工作的前提。酒店经理要充分认识到沟通和表达的重要性，督促相关负责人对新入职员工的沟通能力进行培训，让新入职员工意识到没有沟通就很难有效开展酒店日常工作。

表2-4 酒店女员工自检表

序号	项目	检查重点	自检结果
1	面部	①脸部干净清爽； ②化淡妆,眼影、口红不要浓重,力求自然； ③牙齿洁白、无污垢； ④耳朵清洁干净	
2	头发	①发型大方、得体； ②头发上不要喷太多的发胶,力求头发光泽自然； ③头发上不要佩戴过于夸张或过多的饰品； ④额前头发不要遮住眼睛	
3	手	①手清洗干净、无异味； ②及时修剪指甲,指甲忌长、内藏污垢； ③不要用过浓的指甲油,更不要出现指甲油脱色现象	
4	外套	①外套上要保证没有头皮屑、头发,更不要出现油渍、汗渍和灰尘； ②员工外套要符合酒店工作环境需要； ③外套保持利索平整,不要放太多杂乱物品在口袋里	
5	裙子	①裙子要合身,不要过于贴身,也不要过于肥大,更不要过长过短； ②注意裙子上的拉链,不要出现拉不严、忘拉的情况； ③裙子要干净整洁	
6	衬衫	①衬衫要及时熨烫,保持挺括； ②衬衫要合身、整洁； ③衬衣表面不要出现明显的内衣轮廓痕迹	
7	饰品	①佩戴饰品要与酒店员工要求的穿衣风格相协调； ②佩戴的饰品不要过于显眼、夸张,力求简单、精致、高雅； ③佩戴饰品不能影响正常的工作	
8	袜	①袜一定不要出现抽丝或脱线现象,力求整洁、干净； ②袜的款式、颜色要与酒店服装保持一致	
9	鞋	①鞋上面不要有繁杂装饰,要大方简洁； ②鞋跟高度要适宜,走动时,不要发过大声音影响别人； ③鞋子要定期上油,干净、整洁,鞋跟不要磨损变形； ④鞋子的款式和颜色要与酒店服装相协调	
10	其他	①情绪饱满； ②面带微笑	

表2-5 酒店男员工自检表

序号	项目	检查重点	自检结果
1	面部	①脸部保持干净清爽,剃净胡须； ②不要外露鼻毛； ③牙齿洁白无污垢； ④耳朵干净清洁	

续表

序号	项目	检查重点	自检结果
2	头发	①发型不要怪异,力求简洁清爽,头发长短要适宜; ②头发上不要喷过多的发乳发胶; ③头发要干净,无头皮屑; ④鬓角修剪整齐	
3	手	①指甲修整整齐,无污垢; ②手要勤洗,无异味	
4	外套	①外套上不要出现油渍、汗渍,不要出现头发和头皮屑; ②外套要与酒店工作环境相匹配	
5	裤子	①裤子要熨烫笔直、平整,裤缝折痕要清晰; ②裤子不要太长太短,保持整齐干净,无污垢; ③拉链要拉好	
6	衬衫	①衬衫款式要大方得体,领带要平整、端正; ②衬衫要长短适宜,保持清洁干净; ③领口和袖口要保持端正、整洁、挺括	
7	袜子	①确保每天换洗,干净,无污垢; ②袜子颜色、款式要与酒店服装一致	
8	鞋	①皮鞋鞋跟不要出现磨损,鞋子要常擦油; ②款式和颜色要与酒店服装一致	
9	其他	①精神饱满; ②面带微笑	

新员工表达能力培训包括常用的沟通方式、沟通技巧、沟通时机的把握。

（1）沟通方式

沟通方式的选择直接决定着沟通效果,同样的问题采用不同的沟通方式,其效果是截然不同的,具体如表2-6所示。

表 2-6　酒店员工常见的沟通方式

序号	沟通方式	具体内容
1	口头沟通	口头沟通时要自信,发音清晰,逻辑性强,要幽默、机智,要心态好,要友善等,这样才能达到更好的沟通效果
2	肢体语言沟通	包括面部表情、手势、眼神、姿势和其他肢体语言等
3	书面语言沟通	书面语言可以通过信函的方式,也可以通过报告、备忘录等文字形式沟通,但要遵循以下4点原则: ①标题明确、清晰; ②合理安排结构顺序,把最重要的信息放在最前面; ③力求文字简洁,尽可能地采用简单的语言表达自己的想法; ④如果文件较长,要在文件之前加上摘要或者目录

（2）沟通技巧

新入职员工在酒店这个大环境工作要与不同级别的人沟通，不仅要知道运用哪些方式，更要懂得沟通技巧。常见的沟通技巧有 3 种，分别为平行沟通、下行沟通、上行沟通。

1）平行沟通

平行沟通是指平级之间的一种沟通，没有上下级关系，但要注意遵循以下 4 点，如图 2-6 所示。

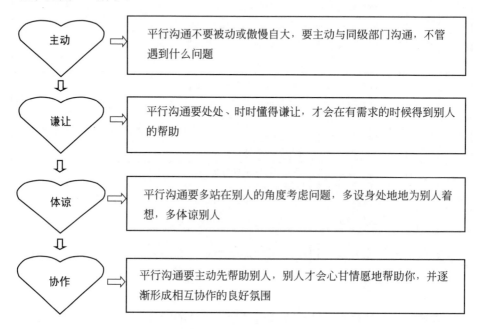

图 2-6 平行沟通需要注意的 4 点

2）下行沟通

下行沟通是指酒店管理层与下属之间的沟通。下行沟通，一方面可以多听取员工的建议和意见，另一方面便于发现问题。酒店经理要做好与下属的沟通工作，基本要求做到以下 3 点，如图 2-7 所示。

3）上行沟通

上行沟通是指与上司之间的沟通，需要注意的是，在进行上行沟通时，可以多准备几套方案供上司选择，以提高沟通效率。

比如，领导，您看今天下午还是明天上午开会比较好？ 领导，这次公司组织旅游，是去 A 市还是 B 市呢？领导，这项工作是交给王某、李某还是张某更合适呢？

及时了解情况	与下属沟通时，要多了解、多询问、多做功课、多学习，只有把情况搞清楚了，才会有威信，下属才会心甘情愿跟你沟通
积极提供方法	在与下属沟通时，重要的是盯紧过程、提供方法。如果下属是财务，你可以告诉他回款为什么常常出问题；如果下属是仓库员，你可以告诉他存货为什么会出现浪费
耐心沟通	如果看到下属做错事情，要耐心与下属分析原因，提出改进措施，解决问题，将责罚和奖励相结合，而不是一味地责骂

图 2-7　下行沟通需要注意的 3 点

（3）沟通时机

酒店经理不仅要督促相关负责人培训新入职员工哪些情况需要沟通，更要要求相关负责人培训新入职员工恰当地选择沟通方式。酒店经理与新入职员工沟通时机主要有如表 2-7 所列 9 种情况。

表 2-7　酒店经理与新入职员工沟通主要时机

序号	情况	说明
1	工作中出现重大问题	新入职员工在工作中出现问题，领导要及时发现并沟通，帮助员工分析原因、解决问题，提高其工作能力和解决问题的能力
2	工资、福利或其他利益发生变化时	不管是增加还是减少，领导都有责任向新入职员工交代清楚变化的原因。尤其是减少时，更要说清楚发生变化的原因
3	阶段性绩效考核结束之前的绩效沟通	领导与新入职员工之间的绩效沟通，可以让员工认识到自己在工作中的优势和不足，并针对不足制订改进计划，不断提高工作绩效
4	新入职员工对领导产生误会	领导要及时与新入职员工就误会进行沟通，以便对方明白自己的用意，达成共识
5	新入职员工提出合理性看法或建议	当新入职员工提出对酒店发展有帮助的看法或建议时，领导应积极沟通，给予鼓励，能采纳的一定要采纳；如果无法采纳也要给予重视，表示支持和肯定
6	工作职责、工作内容发生变化	当新入职员工工作职责和工作内容根据企业安排发生变化时，领导不但要传达下去，更要与对方沟通，让对方明确哪些发生了变化，变化的原因是什么，这些变化对酒店、对自己有什么好处等

续表

序号	情况	说明
7	新入职员工与其他员工产生冲突或矛盾	新入职员工与其他员工出现矛盾或冲突的时候，领导一定要从中调停、斡旋，从有利于工作的角度进行，以达到缓解矛盾的目的
8	员工生病或者家庭发生重大变故	领导要及时发现新入职员工在生活中遇到的困难，以给予尽可能的关心和帮助，让其获得来自酒店大家庭般的归属感
9	员工离职	新入职员工一旦对自己的工作不满意，决定离职时，领导要约对方进行充分的沟通，明确对方是否还有继续留下的可能，离职的真实原因，以及在这段时间内对工作的看法，以便今后更好地改进

2.2.4　化解矛盾与冲突能力的培训

酒店作为一个团体，成员之间有可能因为工作方式、沟通方式、工作习惯的不同而发生矛盾与冲突，有矛盾冲突并不可怕，重要的是如何处理。酒店经理要督促相关负责人加强对新入职员工处理矛盾冲突能力的培训，以便更好地工作。

事实上，新入职员工可以通过沟通的方式来化解矛盾、缓解冲突，可以真诚地向对方表明自己的想法和态度，同时，表示欢迎对方提出不同的建议和看法，并感谢对方，哪怕对方的建议是反面的，给对方一个解释和说服自己的机会，通过沟通达成共识。

在这个过程中，新入职员工可以通过以下 4 个方法来化解矛盾、缓解冲突：

① 说话实际，态度诚恳；

② 先听后说；

③ 不做情绪化的反应；

④ 沟通无共识，应予协调；协调未解决，应行谈判；谈判无结果，申诉裁决。

需要特别强调的是，这些化解矛盾、缓解冲突的方法，做好倾听很重要。做好倾听，才能分享感情，才能创造性地解决问题。因此，培训新入职员工的倾听能力，多掌握一些倾听的方法非常重要，倾听方法如表2-8所示。

当然，化解矛盾、缓解冲突，还要定期、不定期进行自我反思，以便及时改进，酒店经理要督促相关负责人培训新入职员工自我反思的能力。任何人在工作中，都会出现这样那样的问题，新入职员工要经常进行自我反思，改正工作中的错误，消除自身的缺点，并提出解决方案，以不断提高个人综合素质和能力，具体如表 2-9 所示。

表 2-8　新入职员工在倾听时应掌握的方法

序号	方法	运用要点
1	换位思考	新入职员工不要将自己的意志和要求强加到对方身上，要懂得换位思考，理解对方的想法和感受
2	表现出兴趣	新入职员工要对对方表现出兴趣，可以用适当的面部表情、赞许的点头等方式表示自己的专心和对对方的尊重
3	适时提问	在与对方理论的时候，新入职员工要理解、分析自己所听到的内容，并适时地提问自己不理解的内容，让事情更清晰
4	注意细节	在对方理论的时候，要注意一切细节，否则，很容易漏掉很多细微信息，反而达不到化解矛盾、缓解冲突的目的
5	避免分神行为	如果对方在理论的时候，新入职员工不停地不耐烦地翻动文件、看表或者做出类似的动作，都会让对方误会，产生更深的矛盾和冲突
6	保持目光接触	保持目光接触，一是可以集中自己的注意力，二是表示自己的尊重，这样，更容易从情感上打动对方
7	不随意打断对方的谈话	随意打断对方理论，对方的思想很容易不能表达完整，也会造成自己的主观猜测，不利于双方感情的融合
8	灵活转化角色	一旦出现矛盾和冲突，新入职员工要在诉说和倾听之间角色转换，既要关注对方所说的内容，又要斟酌自己所讲的内容，达到沟通效能的最大化
9	复述	如果遇到自己不理解的或者含混不清的内容的时候，要用自己的语言复述对方所说的内容，让事实更鲜明
10	主动、耐心	与对方沟通的时候，新入职员工要主动、耐心，否则，心态不好的话，就不可能取得良好的沟通效果

表 2-9　新入职员工自我反思记录表

登记日期：

日期	个人问题	解决方案
周一		
周二		
周三		
周四		
周五		
周六		
周日		

2.3 做好员工绩效的考核工作

2.3.1 考核内容的 4 个设置维度

酒店经理对员工进行绩效考核，公正公平地对员工当月绩效进行评估，肯定成绩，奖优罚劣，是为了充分调动员工的主动性和积极性，为了激励员工提高业务技能和服务意识，以达到提高酒店服务质量和工作效率的最终目的。

酒店经理在设计员工绩效考核内容时，要按照以下 4 个维度进行，如图 2-8 所示。

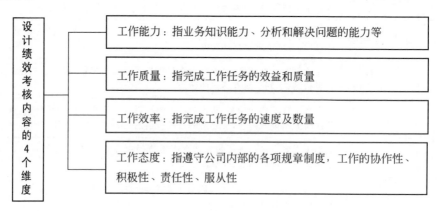

图 2-8 酒店经理设计员工绩效考核内容遵循的 4 个维度

酒店经理设置员工绩效考核内容需遵循以上 4 个维度，设置的具体内容如表 2-10 所示。

表 2-10 酒店经理设置绩效考核的考核内容

姓名：　　　　职务：　　　　　　日期：　　　　　总分：

序号	项目	标准	分值	自评	上级测评	间接上级测评
1	仪容仪表	头发清洁、整齐，不染发，无怪异发型；使用酒店统一发放的发网和发卡，不得使用私人夸张耀眼的装饰	3			
2		表情自然，精神饱满，忌喜怒哀乐于言表	3			
3		工装力求干净整洁，大方得体，自然舒适	3			
4		不得涂浓艳指甲油，不得留长指甲，保持指甲的清洁卫生，手指甲长度不得超过手指头	3			

续表

序号	项目	标准	分值	自评	上级测评	间接上级测评
5	工作纪律	上班无早退、迟到情况	3			
6		上班时间不聊天、不打瞌睡、不做与工作没有关系的事情	3			
7		请假经过领导批准，没有出现擅自离岗的现象	3			
8		服从领导的安排，积极、认真地处理好领导交办的事情	3			
9		准时参加会议，没有无故缺会	3			
10		对职责范围内的办理事项做到微笑、热情、周到、快捷、令人满意，没有出现推诿、拖拉、刁难的情况	2			
11	行为规范	在酒店内的任何地方遇到客人都面带微笑、礼貌问好	3			
12		与客人说话时，语气要友好、热情、礼貌	3			
13		遇到酒店和集团及分公司领导时，要热情、主动打招呼	3			
14		礼貌待客，不骂人，不讲脏话，文明礼貌	3			
15		给客人带来不便时，如服务员扫地、拖地或给客人挪位时，要说："对不起，麻烦您……"	3			
16		在酒店不许跟客人抢道，如确实需要客人让道时，说："对不起，请让一下。"让道后，对客人说："谢谢。"	3			
17		遇到客人进入酒店，早晚时说："欢迎光临，早（晚）上好。"正午说："欢迎光临。"说话时要求面带微笑，身体稍向前倾	3			
18		在客人离店时要说："谢谢光临，欢迎下次光临。"面带微笑，目送客人离店	3			
19		同客人说话时，要不卑不亢、不急不躁，语气适中，言谈适中，讲话不过火	3			
20		在客人询问自己职权或能力之外的事情时，要提供"一站式"服务，禁止回答"不知道"，或置之不理	3			
21	团体协作能力	积极参加集体活动，为集体活动献计献策	3			
22		按时参加酒店及部门组织的会议、活动	2			
23		尊重领导，与同事关系融洽，同事之间相互鼓励	3			
24	业务技能	房间内所有卫生要每天打扫，保持明亮、干净、整洁、无杂物	5			
25		客房用品数量要齐全，要干净无尘，正确摆放	5			
26		公共区卫生要达标，物品要干净、摆放整齐，走廊地面不能有污迹、杂物，每天清洁一次	5			
27		洗手盆、马桶要干净、无积水，不锈钢无水印，毛巾、浴巾要干净、摆放整齐	5			

续表

序号	项目	标准	分值	自评	上级测评	间接上级测评
28	业务技能	卫生间卫生要达标，厕所门前后两面要干净，关启要灵活	5			
29		要积极配合各部门工作，及时完成相应的工作任务	3			
30		床铺铺法要正确，床单及枕套要无污点，床头要无垃圾，床垫要定期翻转	5			
			得分			
出勤奖惩		全勤＋1分；迟到－1分/次；早退－1分/次；旷工－1分/次；事假－1分/次；病假－1分/次；未打卡－1分/次			应增减分数	
功过奖惩		警告－1分/次；小过－3分/次；大过－5分/次；通报表扬＋3分/次；嘉奖＋5分/次；小功＋3分/次；大功＋5分/次			应增减分数	
考核人签名：				上级领导签名：		

2.3.2 确定考核方法，优化考核程序

酒店经理为确保考核工作的规范有效，需要确立绩效考核的程序和考核方法，以激励员工履行岗位职责，增强员工的岗位责任意识，促进各环节工作效率、工作业绩、工作质量的提高，优质服务于公司。

酒店经理可以先做一个员工绩效考核的整体构思，制订一个员工岗位绩效考核登记表，如表 2-11 所示。

表 2-11　员工岗位绩效考核登记表

编号：　　　　　　　　　　　　　　　　　　填表日期：　年　月　日

班组编号：　　　部门名称：　　　职务类别：　　　　考核日期：

考核项目	考核要点	考核指标	权重(%)	考核主体	考核资料来源
职位业绩					
投诉率					
考勤					
……					
考核结果					
考核意见					
改进方案					
人力资源经理					
总经理					

　　人力资源经理对酒店员工进行业绩考核，由部门经理进行配合，并将相关内容填写在表 2-11 中，然后，经总经理和人力资源经理批示，由相关部门进行配合。当然，员工绩效考核程序有以下 5 个步骤，如图 2-9 所示。

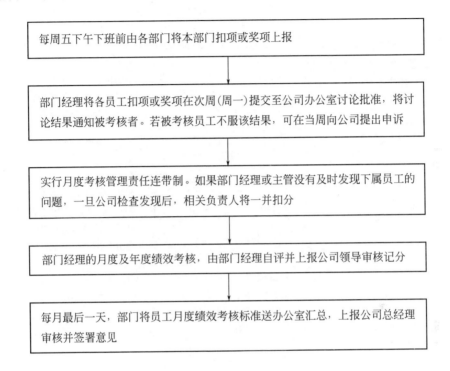

图 2-9　员工业绩考核流程

　　酒店经理确立好员工业绩考核流程后，还要制订详细的员工绩效考核办法，这样，更有利于酒店工作的管理，如图 2-10 所示。

2.3.3　绩效考核结果的评估和反馈

　　对员工进行绩效考核结果的评估和反馈，是酒店经理的重点工作之一。酒店经理每隔一段时间，就要对每个员工工作任务完成情况、职责履行情况进行评估考核，一方面可以达到酒店管理的目的，另一方面可以让员工看到上级领导的期望，有利于酒店工作的进一步开展。

（1）业绩考核结果评估和反馈资料的要求

　　酒店经理在做员工业绩考核结果的评估和反馈时，对员工资料有 4 点要求，具体如图 2-11 所示。

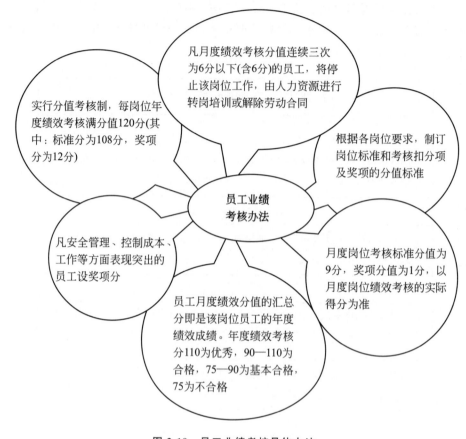

图 2-10　员工业绩考核具体办法

（2）员工业绩考核结果评估和反馈过程

绩效考核是对员工的工作行为与工作结果全面地、系统地、科学地进行考察、分析与评估。这既是一个结果性行为，更是一个过程性行为，完成一项绩效考核，需要经历相当复杂的过程，付出很多人力、精力和时间。具体的过程如图 2-12 所示。

（3）员工业绩考核结果评估和反馈方法

1）常规评估

试用期评估一般是员工业绩考核结果评估和反馈的第一次常规评估，时间在员工入职的 3—6 月期间。如果对员工试用期间工作满意，就应该在员工试用期结束时通知其将被录用为正式员工；如果对员工试用期间工作不满意，就应在试用期还未结束的时候向员工提出其工作中的不足，另换他人。

表明员工工作目标是否已经达成

指出员工工作中的缺点，让员工明白该从何处入手工作。不指出员工工作中的缺点和不足，员工也就没有提高和进步，业绩考核结果的评估和反馈也就起不到预期的作用

对员工工作的具体情况进行说明

给员工提出良好的建议，告诉员工在工作中该如何改进，相关上级领导应该提供什么帮助

图 2-11　员工业绩考核结果评估和反馈的资料要求

人力资源部提醒酒店经理员工业绩考核结果评估和反馈时间

将员工近期工作情况记录表送到相关部门，部门经理写评估资料，并将这些材料交于员工确认

安排员工开会，讨论书面评估资料，完会后，让员工在评估资料上签字，同意经理的评估（签名并不意味着评估资料的准确性，只意味着收到了评估材料，明白了评估的观点，可以在空白处写上自己的看法）

图 2-12　员工业绩考核结果评估和反馈过程

定期对员工进行业绩考核评估和反馈。在第一次常规评估结束后，要及时告诉员工下一次评估时间，这个时间通常是 1 年后。如果员工在这段时间的表现极其优秀，可以当做典型进行评估；如果员工在这段时间的表现不够令人满意，需进行进一步的考核。

2）非常规评估

酒店经理进行非常规评估的时候，针对的员工一般是表现特别突出或者特差的员工。值得注意的是，对表现差的员工做非常规评估，要及时，不要等到员工表现得特别令人不满意的时候再进行，否则，很容易以终止合同结束。

对绩效较差或者有其他问题的员工，酒店经理一般可以用下面 6 种方法来进行绩效沟通，具体的如表 2-12 所示。

表 2-12　酒店经理与员工进行绩效沟通的方法

方法 1	尽快处理问题	一旦发现员工问题,就要立即采取行动,督促员工及时改正问题
方法 2	"一对一"谈话	这种方式更开诚布公,更有利于评估者和被评估者达成一致,被评估者更容易对今后的工作表现做出承诺
方法 3	多讲"我"	消除员工的防备心理,表示出对员工的关心,比如,"我感到有点麻烦,因为你跟别的员工相处不太好""我有点担心,你工作比较喜欢拖延"
方法 4	平等原则	在与员工沟通时要尽量体现出平等,最好并排坐着,避免你坐着,却让员工站着
方法 5	多听对方说	把时间交给员工,倾听对方的陈述,明白对方表达的意思
方法 6	提供书面材料	提供一份谈话内容记录和建议、双方今后采取什么行动的书面材料,以便以后员工重新确认

2.4　做好员工日常管理和监督工作

2.4.1　员工日常工作管理

酒店经理的日常管理工作包括员工上下班管理、工作汇报总结、员工工资管理。

（1）员工上下班管理

员工上下班管理是酒店经理日常管理主要内容之一，保证每个员工按时上下班、不迟到不早退，坚决遵守酒店制订的每项工作制度。对于特殊的上下班制度，还需要特别告知员工，因为有很多酒店工作时间较为特殊。比如，有的酒店要求员工工作 8.5 个小时，包括两次工间休息，员工必须在打卡之后再进行午餐，用半小时时间吃午餐，剩余的 8 个小时为净工作时间；有的酒店要求 8 个小时工作时间，包括工间休息和午餐。

有些员工可能会提前上班，并期望酒店按工作时间付给他们工资，这就有必要知道酒店超时工作、提前下班、推迟下班的规定。

（2）工作汇报总结

每隔一段时间酒店经理需要对该阶段的工作进行总结，有什么好的经验，存在什么问题等，而且需要及时做好上传下达工作，一方面向高层汇报，另一方面向执行部门或执行人传达。

因此，很多酒店经理会定期召开工作汇报总结会议，这成了酒店经理日常工作的主要部分。酒店经理可以当众宣布将要发生的事情和过去的业绩，还可以谈谈对酒店发生的事情的看法。同时，酒店经理还可以谈论一下新规定和新政策，并要求员工进一步展开讨论。

如果某些员工表现较差，可督促部门负责人私下告诉员工本人，而不是在会议上。会议上要留出时间给员工，让员工提问题，这样，可以了解一些员工的状态，进一步提供详尽的指导。

（3）员工工资管理

酒店经理虽然无法直接掌管每个员工的工资，但有义务配合相关部门做好工资发放工作。比如，做好每个员工工资的核算、上报工作，督促相关负责人将员工每个月的工作时数准确地记录在出勤表上，再根据员工实际出勤计算出实际工资，并递交给财务部门进行发放。

员工月出勤表，如表 2-13 所示。

表 2-13　员工月出勤表

姓名：								（）月	
	第 1 周	第 2 周	第 3 周	第 4 周	总工时	正常	超时	专项	小计
周一									
周二									
周三									
周四									
周五									
周六						/			
周日						/			
总计									
备注：									

2.4.2　检查卫生清洁情况

卫生清洁情况是评价一个酒店好坏的最直接标准，无论酒店高层领导，还是消费者都十分看重这个问题。因此，作为酒店经理需要把卫生清洁管理看作是日常管理的主要部分，对酒店每个区域的卫生问题进行定期、严格的监督检查，建立完善的制度，督促清洁人员做好责任区域的卫生清洁工作，确保责任区域内的卫生处于最佳。

在具体的管理上，酒店经理可制订卫生清洁日报表，督促相关部门负责人记录好卫生的完成情况，卫生清洁日报表标准样式如表 2-14 所示。

表 2-14　卫生清洁日报表

编号：　　　　　　　　　　　　　　　　　　　　日期：　年　月　日

工作区域	工作内容	完成情况	完成时间	负责人
电梯				
卫生间				
大堂				
其他				

2.4.3　监督保洁员的日常行为

酒店经理督促相关负责人制订保洁员值班表，是为了传递保洁员交接班记录，及时反馈信息，了解实际工作情况，从而达到沟通工作信息、发现问题、协调合作、提高工作效率和工作质量的目的。这样不仅提高了当班保洁员的团队合作精神，又及时解决了潜在的问题。

作为日常管理的一部分，酒店经理要督促相关负责人确保保洁员及时、准确填写交接记录，明确工作进度，检查工作情况，确保完成工作任务，保证工作质量。清洁员值班表的标准样式，如表 2-15 所示。

表 2-15　清洁员值班表

日期		班次	
电梯清洁 完成事项		电梯清洁 未完成事项	
卫生间清洁 完成事项		卫生间清洁 未完成事项	
大堂清洁 完成事项		大堂清洁 未完成事项	
备注			
交班保洁员		接班保洁员	

第 3 章

前厅业务管理

　　前厅部是酒店必不可少的职能部门，前厅业务也是整个酒店服务流程的起点和落脚点。前厅业务管理包括前台接待服务、总机服务、迎宾服务、商品部服务、商务中心服务等方面的规章制度、业务类型、工作流程。

3.1 前厅部

　　酒店前厅部，被称作酒店的眼睛，它设置于酒店门厅处，主要负责招揽和接待客人，推销客房，联络和协调酒店各部门对客服务及酒店其他服务。它首要的功能就是销售客房及其他餐饮、康乐、奢侈品购物等，增加酒店营业收入。同时，它也是酒店的"神经中枢"，起到展现酒店形象，提升客人对酒店的满意度的作用。

3.1.1　前厅部展现酒店形象

案例 1

　　一位客人入住某酒店，当他走到前厅服务台时，还没有开口，服务人员就主动微笑地把钥匙递上，并轻声称呼他的名字，这位客人大为吃惊：原来，这位客人常住该酒店而且习惯住固定的房间，酒店对他留有印象。这使他产生一种强烈的亲切感。

　　有一位客人在服务高峰时进店，服务员小姐准确地叫出："××先生，服务台有您一个电话。"这位客人又惊又喜，感到自己受到了重视，受到了特殊的待遇，不禁添了一份自豪感。

　　另一位外国客人第一次前往住店，前台接待员从登记卡上看到客人的名字，直接称呼以表欢迎，客人先是一惊，而后那种陌生感顿时消失，显得非常轻松自然，简单的语言交流迅速缩短了彼此间的距离，无形中也提升了酒店在客人心目中的形象。

　　上述案例中前厅服务人员的一句话立刻就改变了客人对酒店的印象。服务，是前厅部的主要职责，直接关系着酒店形象和后期一系列服务的质量。可见，前厅部的作用是多么重要，在整个酒店中有着举足轻重的地位。

　　前厅部的具体作用主要体现在以下 4 个方面。

（1）是酒店形象的代表

　　前厅部也称大堂部、前台部，通常设在酒店内宾客过往频繁的大厅，位置醒目，是代表整个酒店向客人提供客房销售、入住登记及账务处理等各项服务的部门，是客人进出酒店的汇集场所，也是酒店对客服务最先开始和最后完成的场所，又是客人对酒店产生第一印象和最后印象的地方。

（2）是酒店业务活动的中心

前厅部在客人住店期间始终贯穿在整个过程中，其主要业务以客房服务为主，通过优质的预订、接待等服务带动酒店其他部门的经营，从而增加酒店的经济效益。

（3）是酒店收集、处理信息的中心

从信息传递的角度来看，前厅部不但担任着内部信息的传递与沟通的任务，同时也具有外部信息的收集、整理、传递与沟通的作用。它是酒店业务活动和对客服务的一个综合性部门，其不仅直接影响客房出租率和酒店收入，而且能反映该酒店工作效率、管理水平和服务质量。

（4）是酒店管理部门的"参谋"

前厅部作为对客的集散中心，搜集相关的市场动向信息、对客需求及对酒店各部门服务的建议或投诉信息，通过对信息的梳理进行认真分析和总结，并通过书面或会议等形式向酒店管理层反映真实的经营管理状况，为管理部门制订和调整工作计划、经营策略提供主要的参考依据。从这角度看，前厅部门又成了管理部门的"参谋"。

3.1.2　前厅部的组织机构设置

根据酒店的规模和经营范围的不同，前厅部组织机构有 3 种，分别为大型、中型和小型，不同类型的机构在具体的岗位设置上有所差异。

（1）前厅部组织机构类型

1）大型酒店前厅部组织机构

大型酒店前厅部组织机构分工明确，职能分开，一般设有预订处、接待处、问讯处、收银处、礼宾部、商务中心、电话总机、大堂副理及其他行政辅助岗位，机构如图 3-1 所示。

2）中型酒店前厅部组织机构

较之大型酒店前厅部的组织机构，中型酒店前厅部组织机构岗位有所减少，通常只设有前厅经理、大堂副经理、领班和服务员。中型酒店前厅部的组织机构如图 3-2 所示。

3）小型酒店前厅部组织机构

小型酒店因规模有限，通常不单独设置前厅部，这样前厅部的工作就安排

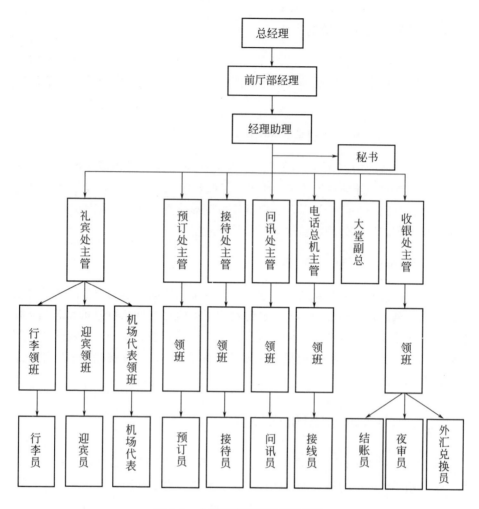

图 3-1　大型酒店前厅部组织机构

在客房部进行。通常是客房部增设一个服务台组，负责前厅部的预订、接待、问讯、收银、礼宾、电话等业务工作；服务台组只设领班和总服务员两个层次，分工不是很细，一名服务员往往要身兼数项工作。小型酒店前厅部组织机构如图 3-3 所示。

（2）前厅部组织机构设置原则

前厅部是现代酒店最主要的机构部门之一，也是员工最多的部门之一（前厅部员工数量通常会占到整个酒店员工总数的 25% 左右）。作为现代酒店不可或缺的一部分，在设置各岗位职责时必须遵守最基本的原则，具体如下。

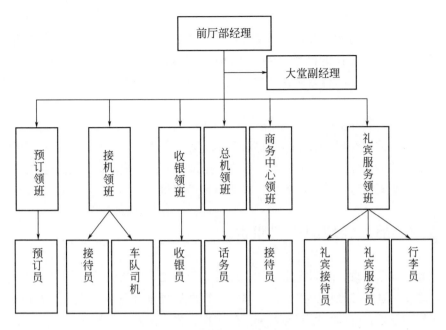

图 3-2 中型酒店前厅部组织机构

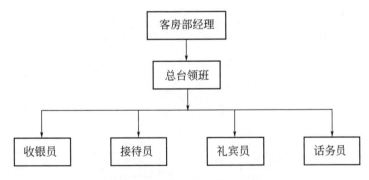

图 3-3 小型酒店前厅部组织机构

1）以前厅部工作为基础

前厅部应以岗位工作分析为基础，因事设岗、因岗定人、因人定责，人员精简，这既有利于劳动力的节省，也有利于工作效率的提高和人际关系的融洽。如果人浮于事，势必影响前厅业务的运转效率。

2）明确隶属关系原则

大中型酒店前厅部岗位较多、工作人员较多，各岗位工作人员在明确工作任务的同时，必须明确上下级隶属关系以及相关信息传达、反馈渠道、途径与方法，否则会出现职能空缺，使前厅部的业务无法衔接，影响对客服务质量。

3）便于协作原则

前厅部组织机构的设置不仅要考虑便于本部门岗位之间的协作，还要考虑便于与其他部门合作的问题，因前厅部担负着销售客房及酒店其他产品的重任，只有与其他部门有效协作，才能将酒店产品最大化地销售于客人，实现组织目标。

4）因店而异原则

前厅部的组织机构设置要根据酒店的类型、体制、规模、星级、管理方式、经营特色、客源特点等情况，不可生搬硬套，大型酒店必须设置独立的前厅部，小型酒店可将前厅服务业务划入客房部管辖。

3.1.3 前厅经理的岗位职责

酒店前厅经理，或叫大堂经理，主要职责是全面负责前厅部各项工作的运转，直接对酒店总经理负责，代表酒店总经理处理前厅日常工作。比如，对服务人员的管理，协调前厅部与各部门的工作、解决客人入住酒店前后遇到的服务问题。

酒店前厅经理岗位职责的内容如表 3-1 所示。

表 3-1　酒店前厅经理岗位职责

岗位名称：前厅部经理		所属部门：前厅部	
直属上级：客务总监		直属下级：大堂副理、前厅部各主管	
所处位置			
职责概述	监督指挥前厅各项工作，确保履行，同时也协调、控制前厅各处的服务工作		
职责	职责细分		职责类别
制订计划	协助客务总监确立合理的房价，并预测好订房率		周期性
	协助客务总监制订前厅各项经营计划、经营指标、规则制度，并进一步实施		周期性
	制订前厅部预算，并控制其执行过程		周期性

续表

职责	职责细分	职责类别
前厅部协调和管理	审阅各种报告,清晰酒店客房预订、平均房价、房态控制、出租率等情况,并将资料提供给酒店领导做进一步决策	周期性
	主持部门工作例会,听取下属的日常工作汇报,及时发现、解决工作中的新问题	周期性
	负责维护与各旅行社和各合作企业的良好业务关系	日常性
	协调前厅部与其他部门的关系	日常性
员工督导和管理	督促、检查所辖范围各岗位职工工作完成情况,及时纠正偏差	日常性
	负责前厅各主管工作安排、考勤、培训和考核等关系,指导、培训下属员工,提供员工素质和专业技能	日常性
组织开展客服服务工作	组织做好委托代办服务和话务服务,力争满足各方面的要求	日常性
	组织商务中心做好对客人的各类服务	日常性
	组织员工做好对客人的接待和礼宾工作,并亲自负责贵宾接待工作	日常性
	定期批阅大堂副理及前厅部各处提交的投诉处理记录,亲自处理 VIP 客人的疑难问题和投诉	周期性
组织开展预订工作	为客人做好预订工作,并亲自处理疑难问题	日常性

3.2　接待业务

3.2.1　制订和完善服务标准

制订和完善服务标准及规范是前厅经理主要工作内容之一，这也是做好其他工作的前提和基础。因此，作为前厅经理，首要任务就是在上级及前厅部其他负责人的协助下，制订和完善符合酒店业务需求、客人需求的服务标准及规范，从而达到规范员工行为，提高服务质量，为客人提供满意服务的目的。前厅部服务标准及规范主要内容，如表 3-2 所列。

表 3-2 前厅部服务标准及规范内容模板

酒店前厅部服务标准及服务规范		文件编号		版本	
标题	前厅部服务标准	发放日期			

①电话礼仪
电话铃响 3 声内必须接起,问好,自报姓名和所在部门
使用标准用语:
早上好/下午好/晚上好/晚安
总机话务员标准用语:
外线电话:早上好/下午好/晚上好/晚安,××酒店,我能为您做些什么
内线电话:这里是总机,××为您服务
②环境卫生
所有的台面保持整洁
扔掉无用和用过的纸张
任何文件不得放在台面或贴在墙上
储藏室和办公室要保持整洁
③礼貌礼节
员工在任何时候都必须礼貌、友好地关心客人
客人至上,即使是客人的错,也不要与客人发生争吵
如果是酒店服务人员自己的错,要向客人道歉:"对不起,小姐/先生。"
不要对客人说"不",如果不知道答案或不懂,请求同事帮助
主动向客人问好,保持面部微笑和目光接触
经常使用"谢谢"和"请"
与客人交谈时用尊称
④工作行为
工作时间禁止睡觉
工作时间禁止看报纸和杂志
工作时间禁止吸烟
工作时间禁止聊天
⑤仪容仪表
工作牌要挂在大衣或外衣胸前
工服要经常洗熨,保持整洁笔挺
站姿笔直,不倚靠任何东西
女服务员工化淡妆、长发挽起,保持整洁
皮鞋需保持整洁光亮
行李员站姿要笔直,双手放身体两边或身后,站在规定的位置
⑥其他标准
前厅部员工应熟知餐厅营业时间、旅游常识、特殊事件
前厅部员工应熟知酒店服务设施

签阅栏		签收人请注意,在此签字时表示同意下述事项: 本人保证严格按此文件要求执行; 本人有责任在发现问题时,第一时间向本文件审批人员提出修改意见	
相关说明			
编制人员		审核人员		审批人员	
编制日期		审核日期		审批日期	

3.2.2　规范接待人员的接待流程

酒店经理必须制订明确的规章制度，督促前厅服务人员做好接待工作。比如，准确掌握每位客人到店的时间、人数及其他信息，保证客人平安入住酒店，同时，享受到可口的饭菜和优质的服务。

前厅接待人员接待客人前的准备工作，如图 3-4 所示。

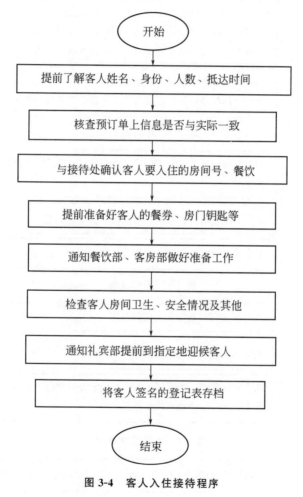

图 3-4　客人入住接待程序

3.2.3　优化不同环节的工作流程

前厅接待工作是由一系列工作组成的，包括迎宾、接车、运送行李、为客户提供向导、为客户送别等。为了让客人全程享受到周到、满意的服务，需要做好每个环节。因此，作为酒店经理必须事无巨细，优化各个环节的流程，以此规范前厅服务人员的行为。

迎宾工作主要包括迎宾（图3-5）、接车（图3-6）、帮助客人卸行李（图3-7）、询问客人需求（图3-8）、为客人提供向导（图3-9）、送别客人（图3-10）等，具体流程如图所示。

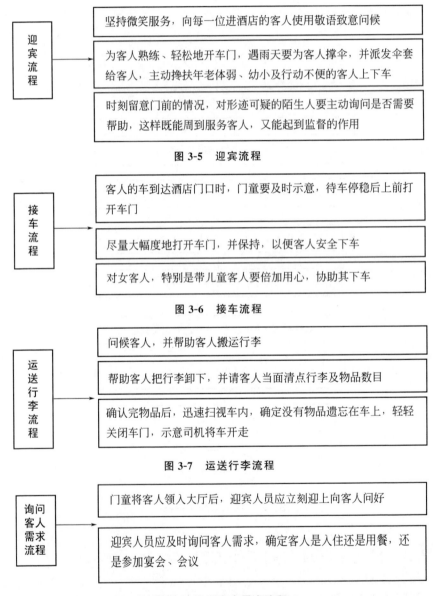

图3-5　迎宾流程

图3-6　接车流程

图3-7　运送行李流程

图3-8　询问客人需求流程

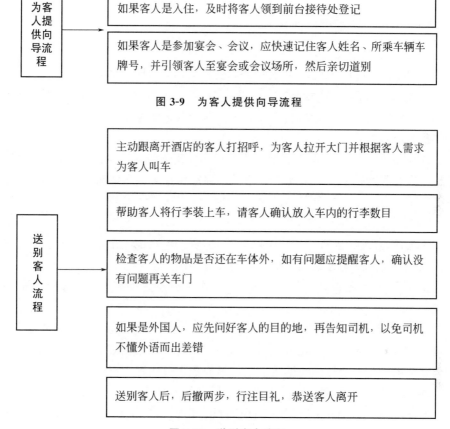

图 3-9　为客人提供向导流程

为客人提供向导流程
- 如果客人是入住，及时将客人领到前台接待处登记
- 如果客人是参加宴会、会议，应快速记住客人姓名、所乘车辆车牌号，并引领客人至宴会或会议场所，然后亲切道别

送别客人流程
- 主动跟离开酒店的客人打招呼，为客人拉开大门并根据客人需求为客人叫车
- 帮助客人将行李装上车，请客人确认放入车内的行李数目
- 检查客人的物品是否还在车体外，如有问题应提醒客人，确认没有问题再关车门
- 如果是外国人，应先问好客人的目的地，再告知司机，以免司机不懂外语而出差错
- 送别客人后，后撤两步，行注目礼，恭送客人离开

图 3-10　送别客人流程

迎宾工作关键问题：

① 如果是团队客人，门童看到有团队客人的大巴车驶来，应立即让行李员帮忙搬运行李，同时将大型车辆引导到不妨碍其他车辆的位置。

② 在客人乘坐的车停稳后，门童再打开车门；如果客人乘坐的是出租车，应等客人付费完毕后，再把车门打开。

③ 如果客人行走不便，要搀扶客人。

④ 如果行李员不能迅速为客人提供服务，迎宾员应帮客人搬运行李，并引导客人走进酒店大厅。

3.2.4　高度重视团体客人的接待工作

团体客人是指人数较多并一起来到酒店住店的客人。他们往往用房较多，是酒店的重要客源，一般事先都进行了预订。一般情况下，团体接待与散客接待是分开的，团体入住接待通常由团体接待员负责。

（1）团体入住接待程序

1）团体入住准备工作

① 根据团体订房要求，查看房态，安排客房，打印团体用房分配表。

② 将团体用房分配表送至礼宾部、总机房、客房部、餐饮部等部门，让这些部门也做好准备工作和配合工作，如行李服务、叫早服务、客房清扫服务、团体餐准备服务等。

③ 准备好"团队人员住宿登记表"和团体客人信封。信封上应标有房号，信封内应有客房钥匙卡、房卡及酒店促销品宣传单等。团体客人的房卡一般都不能签单，房卡姓名栏可填写团号，房价栏可填写"合同价"。

2）团体入住接待工作

① 团体客人到达后，一般由团体接待员迎接，如果团队人数较多或是重要团队，可由大堂副理或酒店相关部门经理迎接。

② 弄清团体名称，找出订房资料，确认总人数、客人房间数、司陪房间数。

③ 请团体陪同人员，如导游、领队或会议组织人员，协助团体客人填写住宿登记表。团体人员住宿登记表的填写可以是客人抵店后临时填写，也可以是团体客人抵店前，接待员协助陪同人员事先把相关内容填好。

④ 接待员协助陪同人员分配客房，并分发房间钥匙卡、房卡。

⑤ 接待员与陪同人员确认叫早时间、出行李时间、用餐时间、离店时间等。

⑥ 掌握付款方式。团体订房单上会标明付款方式，是现付还是转账。如果是现付，则应收取押金；如果是转账，则应明确转至何单位，是旅行接待社还是组团社。若转至组团社，团体账单中应由全陪签名确认；若转至接待社，团体账单则应由地陪签名确认。

⑦ 将标明房号的团体客名单交给行李员，便于分发行李和收行李。

⑧ 将团体入住的相关信息输入电脑系统，其他部门也同时获得团体客人信息。

（2）团体入住接待注意事项

团队业务通常是酒店非常期待的，但是创建并操纵团队预留房容易出现差错。处理团队预留房时，预订经理应该注意下列情况。

1）签订入住合同

团队业务需要一份合同，注明需要的具体客房数量及价格。合同也必须指明团队大部分客人的抵店时间和离店日期，以及需注明的其他事项，如套房或免费客人数量、预订方式、团队和个人结账安排。合同中还应注明提前抵达酒店和延期抵店日期，以及团队预订的截止日期。这些信息应输入酒店计算机管理系统以便系统自动追踪预订情况。

2）查看团队入住记录

在预留房之前，预订部经理应该查看此团队是否有在酒店入住的客史档案。如果某一团体需要五十间预留房，而记录显示前一年这个团体只预订了四十间，那么预订部经理应在确定预留房之前把此情况通知给销售部经理。这种根据团队历史记录减少预留房数量的方式叫做"挤出水分"。

如果团队客人在该店没有历史记录，有时可查看此团队近期在其他酒店的订房情况。这些工作有助于预订部经理控制预留房数量，使可租房保持最大数额。但要注意的是，"挤出水分"的处理需要格外小心谨慎。合同受法律约束，酒店必须提供合同中约定数量的客房。如果团队领队发现酒店并未保留合同中注明的客房数量，将会引起很大的法律纠纷。

3）监督预留房情况

团体预订开始时，预订部经理必须监督预留房中的可租房情况。如发现预留房未订完或者不够订等情况应及时通知销售部。

预订部经理应确认酒店当前的可租房是否能够达到团队的需要量。在受理团队预订之前，销售部通常会进入前厅部终端系统查看可租房情况。然而，在确认团队预留房时，应保证系统信息是最新的，如果团队客人占用了散客的房间，预订部经理应将所产生的影响报告给销售部经理或者总经理。

销售部负责与团队客人沟通预留房数量。如果需要更多客房，并会对团体客人用房安排产生影响，酒店可选择接受新的预订或者把他们介绍到其他酒店。如果预留房数量多于实际订房数量，销售部则可考虑再接待一个团队。

4）监督团队预订状态

团队状态是预订经理应监督的一个重要问题。团队确定订房时应签订销售合同。已明确预留房数量的团队应输入预订系统。未确认的团队订房，指合同已发送给对方，但并未签字回发。有些酒店把未确认的团体订房也输入预订系统，这样他们就能够随时掌握团队的订房安排情况。追踪这些未确认的团队是有必要的，预订部应及时查看他们最新确认的订房状态或者将其从预订系统中删除。因为保留未确定团队时间过长会阻碍其他确定团体订房，也可能造成预订部与销售部之间的工作混乱。

5）其他细节

团队预订业务中很多小细节也很重要，比如，会议团队、旅游团队等不同的团队，对客房环境、餐饮等要求不同，这些细节也要体现在合同之中。

比如，对于会议团队，工作人员需要明确其团队人数、预订政策、会议日程安排、预订截止日期等信息，最后把预留作会议使用的客房类型和数目确定下来，做好预订记录以备使用。整个过程需要酒店员工与团队组织者的良好沟通和合作来完成。因此，接待不同的团队预订业务必须有区别地对待，按照不同的要求做出不同的安排。

3.2.5　制订临时来访人员接待流程

为了提高对临时来访人员就餐、住宿的服务质量，前厅部需要提供特殊的接待服务。一般来讲，对这部分人群，每个酒店都有特定的服务制度、流程和要求。比如登记制度，酒店经理要制订并要督促前厅服务人员严格遵守这些规则和制度，真正做到不遗漏、不应付、不另眼看待。

热情、真诚地欢迎客人，并及时了解客人的具体情况，依照规定填写登记表，如果是团队性的客人，还需要填写团队登记表。临时来访人员就餐、住宿登记表如表 3-3 所列。

表 3-3　临时来访人员就餐、住宿登记表

姓名			性别			联系电话		
年龄			籍贯					
居住地址								
证件种类	□居民身份证　　□护照　　□其他　请注明(　　　　　　　　　)							
证件号码								
来店日期					离店日期			
房价	(　　)元/天							
预付款	□现金(_____元人民币)　　　□　信用卡　　　　□　支票							
抵店时间				离店时间				
备注								
须知	①退房时间为中午 12:00,结账时请交回房卡; ②请访客在晚上 11:00 前离开; ③贵重物品请委托代办处保管,行李请交行李房寄存,如因自身原因遗失酒店概不负责							
客人签名					接待员			

3.2.6　总机服务流程

总机服务是酒店内外信息沟通联络的通信枢纽，总机话务员以电话为媒介，为客人提供各种话务服务，其服务工作质量直接影响客人对酒店的印象，会影响到酒店的整体运作。

酒店总机所提供的服务项目主要包括店内外电话转接服务、长途电话服务、店内传呼服务、代客留言与叫醒服务，以及遇有紧急情况，充当临时指挥中心等。

为了防止总机服务出差错，酒店经理要督促前厅员工详细记下叫醒名单，及时核对叫醒信息，不漏掉任何一个叫醒电话，更不能记错。酒店叫醒服务详细流程，如图 3-11 所示。

为了能准确、快捷、有效地接、转电话，话务员必须熟记常用电话号码，了解本酒店的组织机构以及各部门的职责范围，正确掌握最新的住客资料，坚守工作岗位，并尽可能多地辨认住店客人、酒店管理人员及服务人员的姓名和嗓音。

① 电话铃响三声必须提机，主动向客人问好，自报店名或岗位。外线应答："您好，××酒店。"内线应答："您好，总机。"

② 仔细聆听客人的要求，迅速准确地接转电话，并说"请稍等"。若没有听清楚，可礼貌地请客人重复一遍。

③ 对无人接听的电话，铃响半分钟后（六声），必须向客人说明："对不起，电话没有人接，请问您是否需要留言？"需要给房间客人留言的电话一律转到前台问讯处。给酒店管理人员的留言，一律由话务员记录下来，并重复、确认，通过有效方式尽快传达。

④ 如果通话者只告诉客人姓名，应迅速查找电脑，找到房号后接通电话。如果通话者只告诉房号，应首先了解受话人的姓名，并核对电脑中相关信息，再根据酒店的具体规定，判断是否直接接通房内电话。

⑤ 电话占线或线路繁忙时，应请对方稍候，并使用音乐保留键，播出悦耳的音乐。

⑥ 对要求房号保密的客人，如果并没有要求不接任何电话，可问清来电话者姓名、单位等，然后告诉客人，询问客人是否接听电话。如果客人表示不接任何电话，应立即通知总台在电脑中输入保密标志，遇来访或电话查询，即答客人未住本酒店。

⑦ 如果房间客人做了"免电话打扰"，应礼貌地向来电话者说明，并建议其留言或待取消"免打扰"之后再来电话。

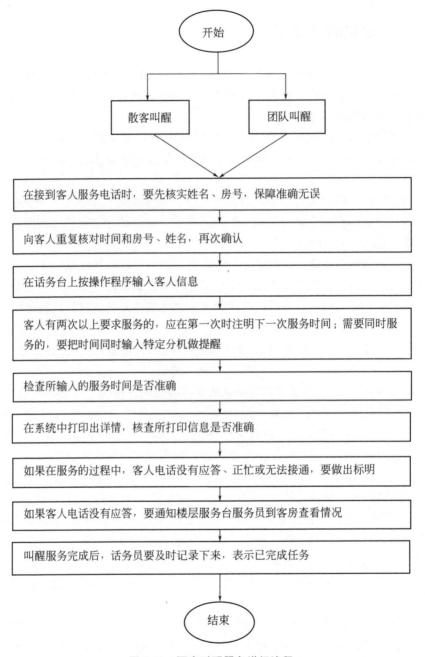

图 3-11 酒店叫醒服务详细流程

⑧ 如果客人错打电话进来，应礼貌地对客人说："对不起，您打错了。"如果是客人在房间或酒店内公共场所打错电话，应耐心地问清客人的要求，再将电话转出。

3.2.7　随时控制好客房状态

为随时控制好客房状态，酒店经理不仅要制订完善的客房状态检查和控制制度，弥补一切可能存在的漏洞，而且还要系统培训酒店员工的业务素质和业务技能，减少酒店员工在工作中出现的差错，并认真分析和总结出现差错的原因，进而采取有效措施解决。

在酒店实际工作中，酒店经理要经常核对房态控制表，房态控制包括的内容如表 3-4 所列，以随时了解客房的实际状况。

表 3-4　房态控制包括的内容

序号	表格类别	作用或要求
1	客房状况报告	酒店前厅接待员要对每日客房状况架显示的各种房态及预订资料进行统计，并定时填写此表
2	客房状况差异表	客房状况差异表是前厅记录显示的客房状态与客房部统计结果之间差异的表格。前厅接待员核对客房部的报告后填写此表，并将副本送回客房部，以便进一步核实确认
3	客房状况调整表	客房状况调整表，一方面可以根据信息记录取消预订、延期离店、未预订抵店、提前离店的客人情况，进一步开展客房销售工作，另一方面有助于接待处与预订处之间的信息沟通

由于客房状况是在不断变化的，酒店前厅接待处就要随时掌握和及时传递客房变化信息，如图 3-12 所示。

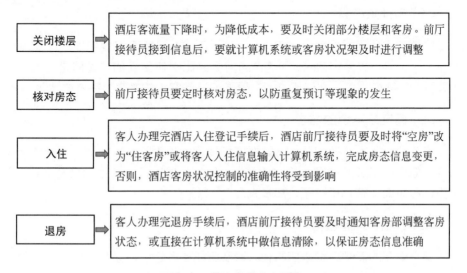

图 3-12　酒店客房状态核查

3.3 预订业务

预订业务是客人在抵达酒店前与酒店预订处达成的关于酒店房间类型及抵店时间的预约。预订的意义在于，对客人而言，抵达酒店时就可以享有准备好的客房，对酒店而言，可为客人提供最符合需求的客房。

3.3.1 明确预订业务的流程

酒店预订的方法有很多，如直接前往酒店预订，经线上预订系统预订，但是，很多酒店都没有详细、科学、固定的程序，还有些寄希望预订员与预订客人直接沟通，其实这是极其粗放的管理。

预订业务看似简单，实则不然，在预订过程中，每个酒店经理都希望最大限度地提高客房出租率和增加客房收入。要实现这些目标，酒店运营必须借助于有效的预订程序。细致的方法可以使预订员了解到客人需求以及酒店在客人所预订的日期可以销售什么，使其能够根据预订细节记录并采取行动，推销酒店的服务，确保预订的准确。总之，预订员必须熟悉流程，迅速、准确并礼貌地为客人提供服务。比如，能将搜索房价、促销、文案、存档以及将其他文书工作所用的时间降至最低。

那么，酒店预订业务有哪些呢？ 通常来讲包括以下 6 个。

（1）问候来电者

热情的问候通常是良好的开始。问候可以说："感谢您致电×××酒店，我是××，很高兴为您效劳。"这样的问候会比一句生硬的"我们是×××酒店预订部"要好得多，在问候之后，要详细询问客人的姓名，联系方式等。

（2）确定来电者的需求

应该询问客人一些问题，比如抵店和离店的日期、客人数量、喜爱的床型以及其他可以了解到的客人需求的问题。比如，如果客人说他们全家出游，那么预订员应询问有几个孩子，都多大。

（3）介绍、推荐服务

据来电者的需求介绍酒店特色，以及所能提供的优惠条件。预订员在第三个步骤中要认真听好客人的要求，交谈过程中，要根据来电者的需求强调酒店的特色及优惠条件。

预订员在必要时应根据来电者的反应做出适当的调整。此步骤紧随酒店已树立的形象而来，预订员应告诉来电者他一直在聆听对方的需求。如果对方嫌客房太贵或所推荐客房并非所需类型，那么必要时就应更换推荐。

（4）收集预订信息

根据酒店规定程序记录所有预订信息。通常包括复述客人的姓名、联系方式、抵店离店日期、客房类型和房价、付款方式，并要求对方确认这些信息。此时应给对方一个预订确认号码。

（5）感谢对方来电

即将挂断电话时的语气应和接电话时一样热情，让客人觉得自己的选择没有错。

（6）预订处理

预订处理就是根据客人的预订信息进行就餐、客房的安排过程，将客人的需求准确、及时反馈给相关部门，包括根据需求搜索匹配的客房、房价、记录、确认并保存预订信息，制作预订管理报告。预订信息对前厅部其他职能的行使甚有裨益。比如，根据预订过程收集的信息，前厅部员工可以利用计算机管理系统完成客房分配工作，建立客账并满足客人的特殊要求。

3.3.2　定期核查订房的状态

酒店经理要制订一套核查方法，才能确保酒店订房业务中不出现意外和差错。一般情况下，酒店经理制订酒店作业核查内容通常有以下 3 点，分别为酒店订房核查周期、酒店订房资料来源、酒店订房核查重点。

（1）酒店订房核查周期

酒店订房作业核查一般每月一次，需要定期办理。

（2）酒店订房资料来源

酒店订房资料来源有：客人历史资料计算机存档、酒店订房记录单、酒店订房计算机文档、酒店客房使用记录、酒店住客登记表等。

（3）酒店订房核查重点

酒店订房核查重点主要包括以下 8 点，如表 3-5 所示。

表 3-5　酒店订房核查 8 个重点

重点 1	是否按酒店规定预收订金
重点 2	酒店总台接待员工是将当日到达客人填入预配房号
重点 3	酒店住房如有更改,受代理人或原订人是否行使变更
重点 4	旺季时,酒店订房人员是否向违约客人或受托代理人行使变更
重点 5	酒店接受订房时,是否将客人联络电话、住宿日期、客人名称、住宿天数、间数、客房种类、付款人、代订者等各项资料填写齐全
重点 6	旅行社订房是否有经办人签字、是否盖有旅行社印章、折扣优待是否均按授权范围核准办理
重点 7	酒店订房员是否每天将预订次日入住的客人资料取出,重新电话确认客人是否如约至店,并按照客人到店日期存档
重点 8	酒店总台接待人员完成排房工作后,是否将住客登记表、订房单、入住单交给前厅员工填入计算机系统,并按照客人入住日期存档

3.3.3　控制订房工作中的异常

在预订过程中,由于这样或那样的原因,常常会出现不必要的差错。为了及时发现,并解决这些问题,提升酒店预订服务质量,酒店经理需要做好订房业务的监督和调控,做好控制工作,优化订房业务流程,提升客人服务质量。

案例 2

某酒店前台接到一个外国团队的住宿预订单后,及时给对方确定了房间,将其全部安排在 10 楼几个不同房间。然而,由于前台人员的疏忽,输错了信息,与之前另一位国内客人预订的房间搞混了。

当国内客人如期来到酒店,得知有外国客人占用了自己的房间时,表现出了极大的不满,并且坚决不同意调换,无论总台怎么解释和赔礼,这位客人仍指责酒店背信弃义,崇洋媚外,"外国客人有什么了不起,我先预订,我先住店,这间客房非我莫属。"

当前厅部发现客房被重复预订之后,前台预订房间的服务人员受到了严厉处分。这不仅因为工作出现了差错,而且违反了客人预订只提供客房类型、楼层,不得提供具体房号的店规。这样一来,一旦出现问题酒店就会处于被动地位。那么,如何回避可能出现的矛盾呢?酒店总经理找来了前厅部经理商量。

仅仅 5 分钟的时间,一套完美的方案就制订出来了。原来,该客人每次到这座城市都下榻这家酒店,而且特别偏爱住 10 楼。据说,他的姓(石)与 10 楼谐音,有一种住在自己家的心理满足;还有更主要一个原因是他对 10 楼客房的陈设、布置、色调、家具都有特别的亲切感，会唤起他对逝去的岁月中一段美好而温馨往事的回忆。

总经理亲自出面，及时向这位客人道歉，表达了因自身工作失职而带来的不便，并告知前厅部经理会全权负责解决这件事情。

前厅部经理："石先生，您看现在住 10 楼比较困难，因为要涉及另一批客人，会产生新的矛盾，请石先生谅解。"

"看在酒店和您的面子上，同意换楼层。但房型和陈设、布置各方面要与 1015 客房一样。"石先生做出了让步。

"8 楼有相同的客房，但其中的布置，家具可能不尽如石先生之意。不过，根据您之前来我们酒店下榻的信息，了解到您酷爱保龄球，现在我先陪先生玩一会儿，在这段时间，我们会以最快的速度将您满意的家具换到 8 楼客房。"前厅部经理说。

"我同意。"石先生惊喜道。

前厅部经理拿出对讲机，通知有关部门："请传达总经理指令，以最快的速度将 806 客房家具撤换成与 1015 房间相同的家具。"

以上案例说明，酒店前厅部规范的管理和操作流程能使其他业务部门正常运转。此案例中前厅部经理做出的这一举动，弥补了前台预订员工作中的失职，重新赢得了客人的满意，换回了酒店的信誉。

做好订房业务监督和调控工作，必须依赖于完善、合理的客房预订制度和流程，严控把关。具体需要做好以下 4 个方面的工作。

（1）严格按照流程做好客房的预订工作

预订部工作人员接到客房预订申请时，应立即通过客房预订控制系统查看房间信息，看是否能够满足客人的需要，若有房则应立即满足客人的要求。并在计算机管理系统中创建预约记录，此项记录的创建便意味着客人入住酒店周期的开始。

确认预订信息。预订员应认真核实宾客的订房需求和个人基本信息，确保每位宾客的合理需求都能够得到满足。依据此记录，酒店可以为客人提供有针对性的个性化服务，对所需人员及设施进行妥善安排。

当预订员确认完毕后，计算机管理系统还会根据预订信息自动执行登记前的任务，包括自动分配客房、向未登记客人报价、创建客人账目单等。账目单记录了客人住店期间的消费情况，为酒店的管理事宜提供了更多的方便。

为客人办理入住的过程包括办理入住登记手续和了解客房功能两个方面。宾客到达酒店后，会通过前厅部的接待员与该酒店建立起正式的商务关系。前台接待人员有责任向客人阐明酒店与其宾客关系的实质，并指导客人支付相关费用。

（2）严格按照要求做好客人入店的登记工作

办理登记手续之前，前台工作人员应该对宾客预订客房的情况进行核实。事先预订房间的客人，其客房已由计算机管理系统自动安排妥当，而对于没有预订的零散客人，在酒店有空房的情况下则需要由前台接待员向其推荐客房。

对于没有提前预订的客人，前台接待员要积极主动地销售客房，向其介绍客房类型、房价及客房服务情况等，并能够自信地向客人描述推荐。一旦登记成功，无论是预订宾客还是散客，都正式成为酒店合法的客人。

登记客人信息。通常情况下，登记记录包括客人的计划居住时间、预支付方式以及某些特殊需要，如一个折叠床或一个婴儿摇篮，还包括客人的账单地址、电子邮箱地址和电话号码等个人信息。

请客人出示有效证件及能够对双方利益有保障的合理数额的现金或信用卡。当客人出具有效身份证件的时候，就说明他要与酒店建立一种宾客关系。出示一张有效的信用卡，则说明这种关系对于双方合法权益的保障是极有利的。

登记结束后还要关注客人结账方式。不论客人用现金、个人账户、信用卡、借记卡、智能卡还是其他方式付款，前厅部一定要保证客人最终将账目结算清楚。交易前适当检验一下客人的信用卡，可以避免日后因结账而引发的各种问题。

登记结束后，应将房门钥匙交给客人，由其独自前往客房或由保安陪护前往。客人到达客房的一刻就算作住店期间的开始。

（3）谨慎接受超量预订

预订和登记过程中，尽可能全面收集所需信息。要充分了解客人的信息，问清客人入住酒店的具体时间、火车车次、到达的航班号、最晚保留时间，并让客人提供一个随时可以联系的电话。这样一来可以控制预订的到达率，二来可更大限度地满足客人的特殊需求，预测客房入住量以及正确结算客人的账单。

酒店在接受预订时，一旦酒店员工超额预订失误，客人在规定时间到达酒店，酒店却无法提供所预订的房间，必然会引起客人的极大不满。酒店经理要采取各种补救措施，想办法妥善安排好客人住宿，以消除客人的不满，维护酒店的声誉，常用措施如图3-13所示。

（4）提供良好的服务

酒店前厅员工想要留住客人，或想办法让客人多消费，就要有良好的服

措施1	由前厅负责人向客人诚恳道歉，并真诚解释原因
措施2	安排客人到业务合作的同档次、同类型酒店暂住
措施3	将客人的姓名、联系电话及有关情况写在问讯卡上，以便向客人提供查询服务
措施4	派车将客人送到联系好的酒店，如果房价超额，差额由本酒店承担
措施5	免费提供传真或电话，以便将临时改变及时通知有关方面
措施6	对于愿意回到本店连住的客人，可先帮其留下大件行李。转天优先排房给该类客人使用。次日将客人接回，大堂副理在大堂迎候并致歉，陪同客人办理入住手续
措施7	以贵宾的礼遇安排入住，并在住店期间享受贵宾待遇
措施8	由酒店前厅负责人向提供援助的酒店致谢

图 3-13　超额预订常用处理措施

务，而很多服务都是由前厅部间接向宾客提供的。需要组织协调各部门做好各自的工作，共同为客人提供满意的服务，这也是前厅部作为酒店的枢纽作用的主要体现。前厅部协调各部门对客人住店期间的服务，具体如图 3-14 所示。

3.3.4　正确处理超额预订

　　为了提高入住率，降低空置房带来的损失，酒店常常会在实际入住数量的基础上超额预订。所谓超额预订是指在酒店订房已满的情况下，适当增加酒店订房的订单，来弥补因为临时取消预订而导致的闲置房。

　　超额预订策略目的是帮助酒店达到满额入住率，对取消预订以及提前离店等情况做出处理。控制得好，预订数量应该刚好等于客人数量，当天的客房收

```
                ┌──────────────────────────────────────────┐
                │ 做好酒店入住期间的服务工作，满足客人的最基本的需求，      │
                │ 提高客人住店体验                          │
                └──────────────────────────────────────────┘

                ┌──────────────────────────────────────────┐
  ┌──────────┐  │ 处理好客人离店后的回访工作，一旦客人对酒店有不满意        │
  │ 服务范畴 │──│ 的地方要及时处理，提升客人的二次入住几率              │
  └──────────┘  └──────────────────────────────────────────┘

                ┌──────────────────────────────────────────┐
                │ 与酒店其他部门积极沟通与配合，满足客户对特殊服务的        │
                │ 需求                                      │
                └──────────────────────────────────────────┘
```

图 3-14　前厅部服务工作的范畴

入也应该接近最佳状况。但这样做也有诸多缺陷，一旦操作不当，如预订系统超额导致预订过量，已确认预订的客人也可能无法入住，因为预订房客人全部如期到店，势必会出现重复订房的问题，引起客人不满和投诉。

因此，作为酒店经理要控制超额订房，既不能让房间有太多的闲置，也不能出现一房两订，甚至多定的情况。那么如何来控制呢？可用以下方法。

（1）控制超额预订的幅度

酒店接受超额预订的比例应控制在 10%～20% 之间，当然这不能一概而论，还需要各酒店经理根据以往的历史记录和管理经验，使预订系统能准确预测取消预订客人和未到客人的数量，根据各自的实际情况合理掌握这个"度"。

影响超额预订幅度的因素有很多，通常来讲有预订客数量与预订而未到客数量比率、提前退房的比率、预订取消比率及宾客住店延期率、淡旺季的差别、散客与团队订房的比率等。根据这些因素，可用如下公式计算。

公式为：

$$X = [C \times f_1 - D \times f_2 + (A - C) \times (r_1 + r_2)] / [1 - (r_1 + r_2)]$$

X 表示超额预订房数；A 表示酒店可用客房数量；C 表示续住房数；r_1 表示预订取消率；r_2 表示预订而未到率；D 表示预期离店房数；f_1 表示提前退房率；f_2 表示延期住店率。

设超额预订率为 R：

$$R = \frac{X}{A-C} \times 100\%$$

案例 3

某酒店有标准客房 600 间，2019 年 3 月 5 日续住房 200 间，预期离店房数为 100 间，根据以往历史纪录，该酒店预订取消率通常为 8%，预订而未到率为 5%，提前退房率为 4%，延期住店率为 6%，那么 3 月 5 日该酒店商该接受多少超额订房？超额预订率为多少？

（1）超额订房

$$X = [C \times f_1 - D \times f_2 + (A-C) \times (r_1 + r_2)]/[1 - (r_1 + r_2)]$$
$$= [200 \times 4\% - 100 \times 6\% + (600 - 200) \times (8\% + 5\%)]/[1 - (8\% + 5\%)]$$
$$= 62 （间）$$

（2）超额预订率 R

$$R = \frac{X}{A-C} \times 100\% = \frac{62}{600-200} \times 100\% = 15.5\%$$

（2）超额预订后的处理方法

如果因超额预订导致客人无法入住时，应该进行及时补救，通常做法为：

① 首先应立即向客人诚恳地道歉，请求宾客的理解和原谅。

② 然后及时利用酒店其他资源与同等级的酒店联系，请求接待本酒店预订的宾客，并由酒店出车将客人送至另一家酒店。如客人是连住数日，可征得客人的同意在酒店住房满足的条件下将宾客接回。

③ 最后对解决紧急事件，伸出援助之手的兄弟酒店表示感谢。如果客人属于担保类客人，酒店还要支付其在另一家酒店第一晚的房费或是等宾客次日返回时免一晚住宿费。酒店要对因此原因次日返回的客人优先排房，并由大堂副理在门厅处迎接。

3.4 退房结账业务

3.4.1 退房结账办理流程

退房结账是前厅服务的一部分，也是酒店对客服务的重要环节。离店办理工作的出色完成会为客人的此次出行留下美好的回忆，为再次光临埋下理想的伏笔。

为了给客人留下好印象，争取回头客，应做好客人的退房离店工作，前厅部门应按照要求做好退房办理工作，退房流程具体如下。

① 问候客人。身体垂直，双手放于胸前，面带微笑，身体略微前倾，在客人未走到前台的位子时主动问好："您好，先生／女士。"

② 迅速从电脑中调出房间号码，并称呼××先生／女士，核对登记的名字。

③ 立刻向房务部报房，并报出自己的名字。

④ 迅速拿出此房间登记单及客人消费明细账单。

⑤ 打印客人账单并告知客人账单正在打印，请稍等。

⑥ 询问。将客人的账单双手放到客人面前，请客人查询并将笔放到客人右侧。询问客人是否有房间内的消费，提醒客人取出保险箱内的贵重物品，如果客人是起早结账，而客人房间又没有包含早餐费用的情况下，还要问询客人是否在酒店内用早餐。

⑦ 确认账单。如客人有其他消费，请客人在账单上确认。如果客人是在下午退房，账单中要加入半天的房费后，再请客人确认。

⑧ 结算。确认结账方式后，为客人结算。如果客人使用的是国外信用卡，则要仔细核对电脑记录的信用卡和客人出示的卡号是否一样。如果客人用国内信用卡结算，请客人出示信用卡并在 POS 收银机回执单上签字，告之客人金额并签字。双手递上信用卡并提醒客人保存好信用卡。

⑨ 如需退还客人费用，将余额退还给客人并提醒客人当面点清，注意保管。核对账单上客人签字与登记单上的签名是否一致。

⑩ 如客人索取发票，询问客人所开具的发票单位名称及用途。

⑪ 结账完毕后，将账单、信用卡及发票一同双手递给客人，请客人查收。

⑫ 询问客人是否需要行李服务。

⑬ 面带微笑询问客人的建议和意见，并仔细记录进行反馈。热情感谢客人的第 N 次入住，并欢迎客人的第"N + 1"次入住，祝客人愉快。

⑭ 建立客史档案。

3.4.2　提高对客结账的效率

随着现代高科技的发展，信息系统的开发研究也越来越人性化、智能化，很多酒店的前厅部也在标准操作的基础上为了方便宾客快捷省时办理离店手续努力提高服务。

（1）快速结账

通常酒店前台结账的高峰期是上午 7 点到 9 点 30 分，这一时段前台接待员工作的压力非常大，可能同时出现多名宾客拥挤前台或是在大厅等候的情况。为了避免这样的现象发生，减轻前台工作人员的压力，酒店前厅部可以在客人准备离店之前提前做些准备工作，以提高在实际办理手续过程中的工作效率，为客人提供高效、便捷的服务。

首先，可以将预计离店客人的名单及登记押金表打印并分发给前厅接待员。每天酒店前厅部能够掌握部分预计离店的客人名单，前厅服务员可以在高峰期来临之前将已知团队或散客的名单及登记押金表查找出来并打印，在此期间唯一要保证的就是客人的隐私不被泄漏，也就是非客本人不得看到或拿到账单。

其次，将快速离店表格与预离店客人账单一同发放。快速离店表格中会有一项提示，要求客人离店计划变更时及时通知前台，否则前厅将默认客人在酒店规定的结账时间离店。这道程序往往可以提醒并鼓励客人在酒店的规定离店时间前将任何有关离店的问题传达给前台。

最后，填写快速结账表格。入店时，一部分客人授权前台将他的未付账户余额转到入住登记时创建的信用卡凭单上。如果没有搜索到信用卡信息，而且登记时客人也没有建立信用卡凭单，那么酒店通常不提供快速结账服务。但如果客人提前创建过这个凭单，当客人准备离店时前厅部通过将未付账款转为先前获批的结账方式来完成客账结算。客人离店前的任何额外费用都会在前台工作人员将账户清零前添加到总账单。

由于可能会有最新消费，客人的快速结账账单复印件中的金额可能会与客人信用卡申请额不一致。这种可能性应在快速结账表格中明确说明，以减少日后的争议。当最新消费添加至客账时，更新的总账单复印件应该发送给客人以保证他对自己的住店消费情况有个准确的记录。这样，客人接到信用卡账单发现金额有差异时就不会惊讶。

（2）自助结账

在一些酒店，客人可以使用酒店大堂或会议区域内的自助结账终端退房结账，或使用与前厅部计算机管理系统相连接的房内结账系统，以便节省结账时间，避免前台工作拥堵现象。

自助结账终端的设计多种多样，有些类似于银行的自动柜员机，有的还具有视频或音频功能。使用自助结账终端时，客人进入相应的账单系统查看自己账单内容。客人可能需要使用键盘，或在终端附带的磁条读卡器上划卡来输入信用卡号码。只要客人在入住登记时出示了有效的信用卡，账款就会自动转到此信用卡上。当客账余额转到信用卡账户上，消费明细已打印并交给客人时，结账工作完成。之后，自动结账系统便将最新的房态信息传送至前厅部电脑，前厅部系统再依次将房态信息传到客房部并开始创建客史记录。

室内账单查看和结账通常依靠带有遥控装置的室内电视或与其连接的客房电话来完成。由于室内电视与前台系统通过电脑连接，客人可以确认预先获批的结账方式。前厅部计算机管理系统可指导自助结账过程。通常客人临走时可在前台领取到打印的账单复印件。同其他自助结账技术一样，室内自助结账可以自动更新房态并建立客史记录。室内账单回查的另一个优点是，客人可以在任何时间查看账单，而无需到前台去。

3.4.3　客人离店后需要做的收尾工作

当客人结账离开后，并不意味着服务工作的完结，对于前厅服务人员来讲，还需要继续做好收尾工作。这些工作包括以下3个部分。

第一，应当将客房状态从"出租房"改为"打扫房"。"打扫房"是一个客房术语，意思是客人已离店，但租用过的房间需要彻底清扫以供下一位宾客入住。

第二，更改客房状态后，前台工作人员需要通知客房部该客人已离店。过去，前台需要通过电话、电子房态显示板或者远程书写装置与客房部交流信息。如今，大部分实现了智能化，当前台工作人员为客人办完离店手续后，信息通常会自动传达给客房部。客房部接到信息后，自然会安排一名客房服务员前去清理打扫，完备后待审查再售。为使客房销量达到最大化，前厅部必须保持最新的客房出租和清扫状态信息，并快速准确地与客房部交流客房状态信息。

第三，创建客史记录的工作，客史记录会成为客史档案的一部分。客史档案为市场营销策略的制订提供了大量的有利数据，通过对数据的合理分析，酒店可以赢得宝贵的业内信息和有利的竞争优势。

附表：前厅业务管理所涉及表单

附表 3-1　电话预订登记表

填表人　　　　　　　　　　　　　　　　　　填表日期：　　年　　月　　日

预订人		证件类型	
		证件号码	
预订日期		联系方式	
预订房间种类		房间数量	
		房间价格	
		预订人数	
订金		付款方式	
入住要求			
酒店预订员		预订日期	
审核人		审核时间	

附表 3-2　前台收银登记表

编号：

房间号码		姓名		总额		
住店日期	年　月　日—　　年　月　日					
结账情况						
日期	消费项目和金额					
	客房金额	餐饮金额	康乐金额	其他金额		合计
备注						
客人签字		联系方式		收银员		

附表 3-3　现金收入日报表

编号：　　　　　　　　　　　　　　　　　　　　填表日期：　年　　月　　日

部门	收入项目	收款单号	现金	转账	备注
客房部	住宿				
	烟				
	饮料				
	其他				
餐饮部	酒水				
	食品				
	水果				
	其他				
康乐部	健身房				
	棋牌室				
	KTV				
	其他				
合计人民币(大写)					
上期结存					
本期收入					
合计					

附表 3-4　客预付款单据

编号：　　　　　　　　　　　　　　　　　　　　登记日期：　年　　月　　日

姓名		房间号码	
抵达日期		住宿天数	
离开日期		预付金额(元)	
应付金额(元)		余款交付额(元)	
预付方式		实付方式	
预订规格	□标准间	住宿人数	
	□商务间		
	□豪华间		
宾客签名		经办人签名	

附表 3-5　宾客押金登记表

填表人：　　　　　　　　　　　　　　　　　　　　　填表日期：　年　月　日

姓名		联系方式	
证件类别		证件号码	
押金金额		办理时间	
押金业务类别	□预订客房　　　　□预订酒席　　　□　行李寄存　　　□租赁事宜		
交付方式	□现金　　　　　　　□转账		
押金返还状态		押金返还时间	
经办人		宾客签字	
审核人		审核时间	

附表 3-6　宾客结算登记表

填表人：　　　　　　　　　　　　　　　　　　　　　填表日期：　年　月　日

序号	姓名	联系方式	结算事由	结算方式	结算时间	结算金额	经办人	办理时间
1								
2								
3								
4								
……								

附表 3-7　团队押金登记表

填表人：　　　　　　　　　　　　　　　　　　　　　填表日期：　年　月　日

序号	团队名称	负责人	联系方式	办理业务	办理时间	押金金额	经办人	返还状态	返还时间
1									
2									
3									
4									
……									

附表 3-8　团队结算登记表

填表人：　　　　　　　　　　　　　　　　　　填表日期：　年　月　日

团队名称		负责人	
联系电话		证件类型及号码	
团队人数		房间数	
结算事由		办理时间	
结算方式		□现金　　□转账	
押金返还状态		押金返还时间	
经办人		宾客签字	
审核人		审核时间	

附表 3-9　团队预订登记表

酒店名称：　　　　　　　　　　　　　预订员：

团队名称				抵店时间	
地址				国籍	
人数	宾客人数		男		女
	陪同人数		男		女
用房数	标准间		客房要求		
	单人间				
	套间				
订金			付款方式		
餐饮	餐别	早餐	午餐	晚餐	其他要求
	标准				
确认事项	预订人	所属公司		预订时间	
	职务	电话		电子邮箱	
审核人		核对时间			
备注					

附表 3-10　预订取消登记表

登记人：

	预订人		联系方式	
预订信息	单位地址		预订日期	
	预订类型	□个人	□团队	□其他
	预订方式	□电话预订	□网络预订	□其他
	预订房间数量		订金金额	

续表

取消信息	取消人		联系方式	
	取消时间		取消方式	
	退订房间数量		返还订金金额	
	返还方式		信用卡/银行卡号	
	取消原因			
预订人签字			审核人	
备注				

附表 3-11 每日空房登记表

填表日期： 年 月 日

客房类型	楼层	房间号码	楼层领班	空房率	空房时间	登记人
普通客房	一楼					
	二楼					
	三楼					
标准客房	四楼					
	五楼					
	六楼					
套间	七楼					
	八楼					
	九楼					
贵宾客房	十楼					
	……					

附表 3-12 每日空房统计表

填表日期： 年 月 日

空房间数	所属楼层	空房率	登记人	备注

附表 3-13　优惠价格申请表

填表人：　　　　　　　　　　　　　　　　　填表日期：　　　年　　　月　　　日

酒店名称		申请部门	
申请人		申请日期	
价格优惠申请			
申请优惠项目名称	优惠时限	优惠额度	优惠说明
客房优惠			
餐饮优惠			
娱乐优惠			
商场优惠			
……			
审核人		审核日期	
审批人		审批日期	
备注			

附表 3-14　团队入住登记表

填表人：　　　　　　　　　　　　　　　　　填表日期：　　　年　　　月　　　日

团队名称		团队负责人		负责人电话	
预订人		预订日期		联系方式	
公司名称		预订房间类型		预订房间数	
团队入住信息					
团队人数		行李件数	住店时间	离开时间	负责人签字
男	女				
付款方式	□现金：　　　元（人民币）		□银行卡		□信用卡
	□微信	□支付宝		卡号：	
团队负责人签字			登记人签字		
审核人签字			审核日期		

附表 3-15　散客入住登记表

填表人：　　　　　　　　　　　　　　　　　填表日期：　　　年　　　月　　　日

姓名		性别		出生日期	
籍贯				联系电话	
证件种类	□居民身份证		□护照		□其他
证件号码					

续表

入住时间		离店时间		
入住房间类型	□单人间	□标准间		□套间
客房布置要求				
房价				
付款方式	□现金	□银行卡	□支付宝	□微信
须知	退房时间为中午 12:00 前,结账时请交回房间的房卡 请访客在晚上 11:00 前离开 贵重物品请交委托代办处保管、行李交行李房寄存,若没有办理 保管或寄存而丢失,酒店概不负责			
宾客确认				
备注				

附表 3-16 每日入住宾客名单统计表

填表人：　　　　　　　　　　　　　　　　　填表日期：　年　　月　　　日

序号	姓名	性别	证件类型及号码	是否寄存行李	住店期限
1					
2					
3					
4					
……					
备注					

附表 3-17 客房续住通知表

填表人：　　　　　　　　　　　　　　　　　填表日期：　　　年　　月　　　日

宾客姓名		入住日期	
房间号码		通知时间	
此宾客的入住日期由　　年　月　　日续住到　　年　月　日,离店日期由　　年　月　　日 更改为　　年　月　日,请　　部门、　　部门、　　部门做好相关服务			
签发人		签发部门	
备注			

附表 3-18　宾客离店登记表

填表人：　　　　　　　　　　　　　　　　　填表日期：　　年　　月　　日

序号	姓名	房间号	离店时间	检查人	检查时间	账款是否结清	客房设备使用情况	楼层负责人
1								
2								
3								
……								
备注								

附表 3-19　宾客投诉处理表

填表人：　　　　　　　　　　　　　　　　　填表日期：　　年　　月　　日

投诉人		房间号码	
投诉时间		投诉方式	
投诉部门		联系电话	
投诉事由			
处理意见			
投诉处理结果			
客户意见			
投诉处理人		投诉处理时限	
备注			

第 4 章

客房服务管理

　　客房部是酒店最核心的服务部门，客房服务做得好与坏，直接关系着酒店的服务质量、品牌力，以及在客人心中的美誉度。客房服务管理包括制度管理、清洁卫生管理、客房检查、客房设备管理、客房用品管理，客房布草管理等。

4.1 客房部

客房部服务质量和水平是衡量酒店服务质量和管理水平的重要标志。客人主要在客房逗留，客房中设施设备运转是否正常、客房备品和租借用品是否齐全、客房卫生是否干净、客房服务是否优质、客房服务员服务态度是否良好等，都影响客人对酒店的总体评价。

4.1.1 客房部：酒店最核心的部门

客房部主要工作是负责客房运作的一切相关事务，具体业务如下。

（1）房间的清洁保养

清洁保养工作是客房工作的首要任务，在酒店经营管理中具有特殊重要的意义，其目的是为客人提供安静舒适的住宿环境。某种程度上，这部分工作是体现酒店使用价值和服务质量的重要标志，是酒店赢得客人信赖的重要因素。

同时，做好客房卫生清洁工作，也是客人住店最基本的需求。客房部还负责酒店公共区域的卫生清洁工作，目的是为了给公众创造良好的大环境。公共区域的清洁保养，既包括前台公共区域的清洁保养，如大堂、公共卫生间和室外停车场等，也包括后台公共区域的清洁保养，如工作人员更衣室、浴室和办公室等。

（2）员工的培训督导

酒店销售的不仅有实物产品，还有服务产品，从某种意义上说，服务产品决定着一个酒店经营的好坏。因此，为给客人提供专业优质的服务，需要定期对员工进行培训督导，提升服务人员的服务质量和水平。

客房服务内容很多，包括客房清扫服务、客房小酒吧服务、客房洗衣服务等。这些工作看起来简单，但是具体做起来很复杂，想做到让所有住店客人都满意并不是一件简单的事。因此，所有服务员在上岗前都需要在客房部进行培训，进一步了解客房服务内容和服务标准，争取提供让客人满意的服务。

当然，客房管理者的督导也很重要。在监督过程中发现服务漏洞，指导服务员进行改正，是提高客房服务质量的关键，也是提供优质服务的基础。

（3）客房设备用品的管理

客房的设备用品很多，如果在客房运作过程中不严加管理，那么客房的成本费用会大大增加。客房设备用品既包括客房内部供客人使用的设备用品，也包括客房服务员工作使用的设备用品。客房服务员既要不断恢复客房内供客人使用的客房设备的使用价值，又要严格控制客房用品的数量，减少浪费，降低成本，维护酒店经济利益。在客房设备发生故障时，客房服务员要及时报修，积极帮助工程部把客房设备恢复正常。

（4）客房巡查检查

人身财产安全是客人最在乎的，确保客人生命财产安全是酒店客房部义不容辞的责任。客房服务员应具备安全服务意识，在日常工作中多观察、多巡视。如果发现安全隐患，应及时将之消灭在萌芽之中。在酒店中，安全无小事，一个小小的疏忽可能会引起重大的事故。

（5）洗衣房管理工作

客房部还有一个非常重要的工作，那就是确保洗衣房运转正常。洗衣房不仅负责店内客人衣物的洗涤熨烫工作，而且也负责酒店所有员工制服布草的洗涤熨烫工作。洗衣房的工作量很大，在客人衣物洗涤过程中应尤为注意，不小心将客人的衣服没洗好或者洗坏，都可能会引起客人的投诉。

4.1.2　客房部的组织机构设置

客房部的组织机构因酒店规模、酒店档次、服务模式和业务范围等不同，组织机构设立也有所不同。通常情况下，管理层级的数量影响组织机构的纵向层次设置。比如，大型酒店的管理层次多，通常经理、主管、领班和服务员四个层次都有；而中小型酒店管理层次少，通常只有经理、主管和服务员或者只有经理、领班和服务员三个层次。同时，服务模式和业务种类的不同影响组织机构的横向机构数量和种类设置。比如，有些酒店选择楼层服务台模式，有的酒店选择客房服务中心模式；有的酒店客房部下设洗衣房，有的酒店客房部不设洗衣房，有的酒店设有洗衣房但其不归客房部所管辖。

根据酒店规模大小，客房部组织机构也可分为大型和中小型，大型酒店客房部组织构架如图 4-1 所示，中小型酒店客房部组织构架如图 4-2 所示。

大型酒店客房部和中小型酒店客房部，尽管在设置级数上有所差别，但一些原则性的东西是不会变的，这些原则具体如下。

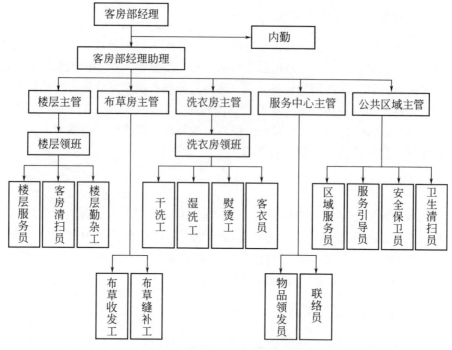

图 4-1 大型酒店客房部组织构架

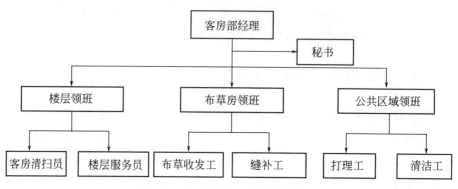

图 4-2 中小型酒店客房部组织构架

（1）层次分明，分工明确

层次指的是客房部的管理层次，管理层次不同，管理任务的比重、分配也不同。客房部的管理任务包括管理工作方面、实际操作工作方面和人际交往工作方面。管理层次越高，管理工作和人际交往工作所占比重越大，实际操作工作所占比重越小；相反，管理层次越低，管理工作和人际交往工作所占比重越小，实际操作工作所占比重越大。

分工指的是将客房部全部工作划分成若干不同的工作，每个岗位完成其中的一项工作。分工有利于工作效率的提高，但分工绝不是"你干你的，我干我的"。分工后各岗位需要密切合作，而且分工越细，各岗位合作应该越密切。

（2）幅度合理，指挥统一

幅度指的是客房部的管理幅度，即每个层次的管理者所管理的员工数。在客房管理中，应避免多头领导，指挥不统一，尤其要避免下属不知道该听谁指挥的情况。

（3）精简机构，工作高效

精简指的是客房部机构精简，不臃肿，严格遵守因事设岗，而不是因人设岗。管理工作应公平，使每个员工都积极主动地工作，共同提高工作效率。

4.1.3 客房经理岗位职责

客房经理是全权负责客房部工作的管理人员，主要负责客房部的日常管理工作，协助酒店总经理完成各项工作。客房经理岗位职责具体如表 4-1 所列。

表 4-1 客房经理岗位职责

序号	客房经理岗位职责内容
1	负责客房部的全面管理工作
2	巡视检查本部门各区域工作,包括洗衣房、楼层、布草房、花圃、公共卫生区间等,尤其是 VIP 房
3	主动征求客人的意见,处理客人的投诉,并做记录,提交给上级
4	严格易耗品、布草等物品管理,控制客房部成本
5	及时培训员工,并对员工做工作评估
6	写好工作日记;参加酒店的早会、周会、各种专题会议,及时向酒店经理汇报有关情况
7	完成酒店经理交办的其他任务
8	学习先进经验,分析市场信息,了解客人需求,向上级提出客房革新的建设性意见,不断提高客房产品与市场需求的适应性
9	关心员工的思想状态和生活,协助员工进行职业计划的制订
10	严格执行惩罚条款,根据酒店规章制度检查员工工作
11	处理客人遗留物品事宜,积极处理客房部突发事件

续表

序号	客房经理岗位职责内容
12	检查员工服务质量、执行服务操作规范、安全防范措施、客房清洁整理等情况
13	检查 VIP 接待工作，关注员工是否对 VIP 客人进行细微化、人性化、个性化服务
14	关注本地酒店客房销售情况、本地客房市场情况，了解客人对竞争对手客房产品、房价、服务的看法，并书写专题报告，供酒店经理及酒店其他部门做决策时用
15	接受酒店经理指令，做好客房部日常工作
16	据仓库提供的盘点表，检查分析库存的规格、数量、品种，确保酒店财产不受损失
17	主持本部门管理人员的例会和考勤

 ## 4.2 提升客房服务质量

4.2.1 制订客房服务规范

酒店经理在客房部的协助下制订客房的服务规范，用来规范客房部员工的日常工作。客房部服务规范的内容，如图 4-3 所示。

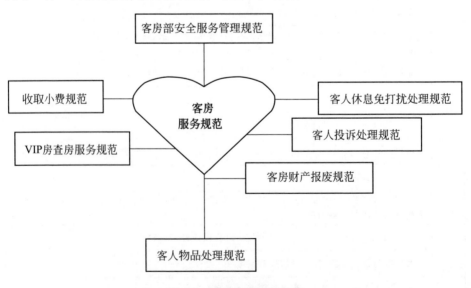

图 4-3 酒店客房服务规范

（1）VIP 房查房服务规范（见表 4-2）

表 4-2　VIP 房查房服务规范

序号	VIP 房查房服务规范具体内容
1	在 VIP 客人抵达前，检查房内水果、鲜花等物品是否齐备
2	VIP 房间检查完毕后，非特殊情况任何人不得再次入内
3	及时传达 VIP 客人达到的信息，以便客房部领班做好工作安排
4	VIP 房间打扫卫生后，管理员、酒店经理需再次检查

（2）收取小费规范（见表 4-3）

表 4-3　收取小费规范

序号	收取小费规范具体内容
1	不能主动或擅自收取客人小费
2	若有小费，需要上交客房部经理
3	客房部统一管理分配上交的小费
4	严格按照规定处理违反规定收取小费的服务员

（3）客房部安全服务管理规范（见表 4-4）

表 4-4　客房部安全服务管理规范

序号	客房安全服务管理规范具体内容
1	除非酒店客房部接到通知，否则不能轻易给不认识的客人开门
2	发现客人携带易燃易爆物品、凶器，及时汇报上级
3	如果客人忘记带钥匙，待前厅证实客人身份后，才能为其开门
4	禁止将钥匙带出酒店，下班前要交回办公室
5	遇到火灾，第一时间通知总机和消防中心，清楚说明起火地点
6	遇到残疾人士，要多注意客人动向，保证其人身安全
7	全心全意保护酒店财物、客人财产及人身安全
8	清楚酒店各楼层消防系统，当火警发生时要镇定
9	注意垃圾桶内是否有特别的物品，以防桶内的玻璃碎片、刀类伤及手部
10	在清洁房间时，如有客人进入，礼貌查看客人钥匙牌号码是否与房号相符，防止客人误入房间
11	如果发现客人携带并使用烤箱、电炉等电热器具，迅速报告上级
12	有可疑陌生人在走廊徘徊、楼层烟雾报警系统亮起红灯、房间有大量水或烟雾渗出、屋内发现违禁品、客人情绪变化异常等情况，都要及时向上级报告

（4）客人休息免打扰处理规范（见表4-5）

表4-5　客人休息免打扰处理规范

序号	客户休息免打扰规范具体内容
1	14:00后,若客房未挂上"请勿打扰"牌,服务员需报告客房服务中心
2	客房挂上"请勿打扰"牌时,服务员不能前去打扰
3	如果客人需要服务,需按客人指定时间前往提供服务;如果电话无人应答,需及时通知大堂副理及保安部处理

（5）客人投诉处理规范（见表4-6）

表4-6　客人投诉处理规范

序号	客人投诉处理规范具体内容
1	涉及酒店及国家利益的重大事项,及时向上级汇报
2	接到客人投诉需做好记录
3	迅速解决客人的合理要求,对投诉相关负责人进行帮助教育甚至处罚
4	妥善处理个别客人一些无理取闹的行为,必要时劝其离开酒店

（6）客房财产报废规范（见表4-7）

表4-7　客房财产报废规范

序号	客房财产报废规范具体内容
1	人为因素导致报废的物品,酒店要要求肇事者进行适当的经济赔偿
2	超过使用周期而报废的物品,相关负责人认可核准后,要填写财产报废单
3	充分利用报废物品,可将其改制成其他物品

（7）客人物品处理规范（见表4-8）

表4-8　客人物品处理规范

物品所属种类	客人物品处理规范具体内容
客人馈赠物品	原则上不接受客人馈赠的物品
	上交客人馈赠物品,填写馈赠单,由部门负责人签字确认
	在年终或其他合适时间统一将物品分配给相关的员工
客人借用物品	客人需填写借用单并签名
	超过物品借用时间,酒店服务员要记得向客人收回
	借用或归还物品时,要做好登记

续表

物品所属种类	客人物品处理规范具体内容
客人遗留物品	客人遗留物品的保存时限为 3 个月，贵重物品交保安部保存一年
	及时上交客人遗留物品，并填写"客人遗留物品登记表"

4.2.2　明确服务标准

(1)酒店服务标准主要内容

为使服务人员的行为真正符合规章制度，必须制订明确的行为标准。酒店服务的行为标准主要内容如表 4-9 所示。

表 4-9　酒店服务标准的主要内容

序号	酒店服务标准	主要内容
1	服务工作标准	服务工作标准不对服务效果做要求，只对服务工作本身提要求。如，客人要求 10 分钟内送入冰块，服务人员必须做到
2	服务设施用品标准	酒店设施直接影响到客房服务质量，是酒店服务产品的硬件。如，酒店的一次性拖鞋质量极差，客人就会怀疑酒店的整体服务质量
3	服务状态标准	酒店所创造的环境状态、设施使用保养水平标准。如，酒店卫生间提供 24 小时热水
4	服务效率标准	酒店服务过程中建立的实效标准，以保证客人得到有效、快捷的服务。如，客人交付洗熨的衣物必须在 24 小时内交还客人
5	服务规格标准	酒店服务的礼遇标准。如，对入住豪华套房的客人提供印有客人烫金姓名的信纸信封
6	服务语言标准	在欢迎、问候、道歉、致谢、欢送等场合，酒店员工要使用标准语言。如，见面"您好""请"字当头，"谢谢"不断，客人不满"对不起"
7	服务程序标准	既要保证服务工作的完整性，又要保证服务工作的有序性。如，客房接待服务有 4 个环节，即客人到店前的准备工作、到店时的迎接工作、住店期间的服务工作、离店时的结束检查工作
8	服务技能标准	服务员所具备的服务素质和应达到的服务操作水平。如，客房清扫人员应在半小时内完成一间标准客房的清洁工作
9	服务态度标准	酒店员工面对面服务时表现出来的态度和举止礼仪。如，接待客人时要面带微笑，不得吐痰、嚼口香糖等
10	服务质量检查和事故处理标准	酒店一方面要有对员工的处罚标准，另一方面要有事故处理程序和挽回影响的具体措施

（2）制订酒店服务标准的注意事项

制订酒店服务标准的注意事项，如表 4-10 所示。

表 4-10　制订酒店服务标准的注意事项

序号	制订酒店服务标准的注意事项
1	对服务的要求要最大限度地接近完美
2	必须满足客人的要求
3	应以书面的形式清晰、完整地描述出来
4	所有员工必须参与，最好能让客人参与，并接受他们的合理建议
5	工作中不允许出差错
6	必须得到上一级管理层的支持
7	根据实际情况增加新标准，但任何新标准必须被大家接受
8	标准必须易懂、可行
9	对不能发挥作用和过时的标准应加以修改

4.2.3　合理安排客房清洁、卫生工作

客房清洁、卫生工作是保证客房服务的质量标准，应满足客人对客房的清洁要求，保证并延长客房设施设备的使用寿命，减少酒店对客房维修改造的投入。

鉴于此，酒店经理有必要督促和监督相关部门、相关人员，做好清洁、卫生作业安排。通常的做法是客房中心服务员根据当天客房出租率、有关领导的要求和特别指令、人员安排，给每一个值班人员分配具体任务。每位员工要有团队精神和全局观念，分工不分家，相互帮助和支持。

客房清洁、卫生作业内容，如表 4-11 所示。

表 4-11　客房清洁、卫生作业内容

序号	客房清洁、卫生作业内容
1	家具背后除尘
2	电话机消毒
3	电冰箱消毒
4	通风口除尘
5	排风扇机罩和风叶除尘、除迹
6	天花板除尘
7	墙纸、墙布除尘

续表

序号	客房清洁、卫生作业内容
8	家具上蜡
9	酒篮、鞋篮除尘
10	门顶除尘
11	金属器件除锈、抛光
12	床垫翻转
13	地毯、床头板、沙发的清洁
14	皮革制品的抛光
15	枕芯的清洁
16	床罩、毛毯、床裙、褥垫、被套的清洁
17	装饰品、工艺品的除尘
18	窗帘的清洁
19	卫生间顶除迹
20	顶板、百叶门的除尘
21	便器、冰箱除垢
22	下水口及管道喷药、除污
23	洁帘的清洁
24	镜柜除锈、上油
25	大理石面上蜡
26	植物养护
27	顶灯的除尘
28	玻璃窗的擦拭
29	阳台的除污、除迹
30	其他项目

客房清洁保养工作主要包括单项卫生计划和周期大清洁计划。

（1）单项卫生计划

单项卫生计划的制订和实施程序，如图 4-4 所示。
单项卫生计划安排表，如表 4-12 所示。

（2）周期大清洁计划

周期大清洁计划的制订和实施工作程序，如图 4-5 所列。

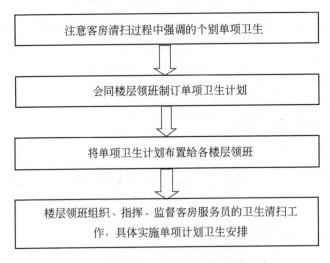

图 4-4 单项卫生计划的制订和实施程序

表 4-12 单项卫生计划安排表

卫生项目	使用工具	工作量	清洁速度	质量标准	清洁周期	注意事项
房间部分						
卫生间部分						

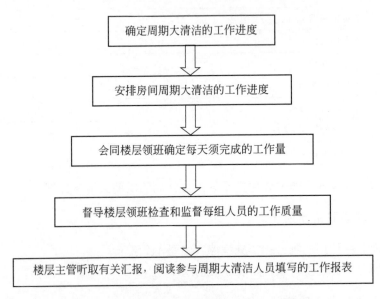

图 4-5 周期大清洁计划的制订和实施工作程序

周期大清洁计划的安排表，如表 4-13 所示。

表 4-13　房间周期大清洁计划安排表

项目	周期	完成日期											
		1 月	2 月	3 月	4 月	5 月	6 月	7 月	8 月	9 月	10 月	11 月	12 月

4.2.4　客房清扫前准备工作

为了保证清扫质量，提高工作效率，客房服务员必须认真做好客房清扫前的准备工作，具体包括以下内容。

（1）更衣

与酒店其他部门员工一样，客房服务员到达酒店后，首先必须到员工更衣室更衣：换上工作服，按规定穿着，佩戴好工牌，整理好个人仪表仪容，将私人物品存放在自己的更衣柜内（注意个人贵重物品随身携带）。

（2）签到、签领客房钥匙

签到包括到酒店安全部履行机器打卡和到客房中心签字报到两种方式。与此同时，向客房中心或楼层服务台签领客房钥匙。 不管采取哪种方式，都必须在分发、领取和交回钥匙方面实行严格管理，以强化员工对客房钥匙的责任感。

（3）了解分析状态（又称客房房态）

开始工作前，应首先了解房间状态，以决定清扫房间的顺序，避免打扰客人休息或工作，并及时满足客人的清扫需要。

客房状态（房态）种类如下。

1）住客房（Occupied，简写 OCC）

表示客人正在租用的客房。由于宾客的使用情况、要求等不同，住客房又有下列状态，如表 4-14 所列。

表 4-14　住客房状态

序号	客房状态	解释
1	请勿打扰房(DND) Do Not Disturb	表示该房客人不愿被服务人员或其他人员打扰
2	立即清扫房(MUR) Make Up Room	表示该客房的住客因会客或其他原因需要服务员立即清扫客房
3	外宿房(SO) Sleep Out	表示该客房已被租用，但住客昨夜未归，为了防止发生逃账等意外情况，应将此种客房状况及时通知总台
4	无行李房(NB) No Baggage	表示该客房的住客无行李，应及时把这一情况通知总台，以防逃账的发生
5	轻便行李房(IB) Light Baggage	表示该客房的住客行李数量很少，为了防止逃账，应及时通知总台
6	贵宾房(VIP 房) Very Important Person	表示该客房的住客是酒店的重要客人，在酒店的接待服务过程中应优先于其他客人，给予特别的关照
7	长住房(LSG) Long Staying Guest	即长期由客人包租的客房，又称之为"长包房"
8	加床房(EB) Extra Bed	表示该客房有加床服务

2）走客房（Check Out，简写 CO）

表示原来入住的宾客已经退房，需要马上清扫，准备迎接下一位客人入住的房间。根据情况的不同，走客房又有下列状态，如表 4-15 所列。

表 4-15　走客房状态

序号	客房状态	解释
1	准备退房(ED) Expected Departure	表示该房住客应在当天中午 12 点前退房，但目前尚未退房的客房。这种客房应在客人退房前先进行简单整理，等客人退房后再做彻底清扫
2	未清扫房(VD) Vacant Dirty	表示该房住客已结账并已离开客房，但还未经过清扫，服务员可以按规定进房整理
3	已清扫房(VC) Vacant Clean	表示该客房已清扫完毕，并经过检查可以重新出租的客房，许多酒店也称之为"OK房"

4.2.5　客房检查的要点和流程

客房检查制度使客房清洁保养工作有了规范和目标，但能否达到目标，则需要酒店经理进一步查房。

① 查房的要点，如图 4-6 所示。

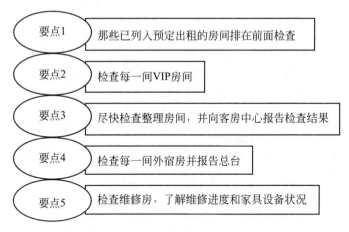

图 4-6　查房要点

② 查房的程序，如图 4-7 所示。

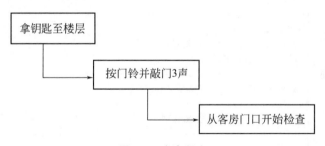

图 4-7　查房程序

③ 查房的标准，如表 4-16 所列

表 4-16　查房标准

顺序	项目	标准
		卧室检查标准
1	行李柜	稳固、干净、无灰尘
2	电视柜	(1)柜门灵活,轨道好用; (2)电视荧光屏外壳洁净无灰尘; (3)柜面洁净无灰尘; (4)电视图像清晰,音质良好
3	酒吧柜	(1)酒吧柜干净清洁,玻璃及镜子无污迹; (2)茶盘无灰尘; (3)冷水杯、茶杯、冷水瓶、茶叶缸干净清洁; (4)零食架内物品摆放规范

续表

顺序	项目	标准
4	房门	(1)门及门铃清洁、无污渍,且能正常使用; (2)门灵活且开关时无大的噪音; (3)房间号清晰、清洁、无污渍; (4)门把手洁净、无污渍; (5)门后闭门器及后磁吸可正常使用; (6)门后的安全疏散图干净、无翘起
5	电冰箱	(1)冰箱干净整洁,可以正常工作; (2)饮料确保在保质期内; (3)按规范调节冰箱刻度
6	壁柜	(1)壁柜内外及衣架、衣架杆洁净无灰尘; (2)柜门正常、无损坏; (3)保险柜、鞋篮洁净,摆放规范
7	床	(1)被套、床单、枕套、护垫、床头板洁净无破损; (2)床铺得规范均匀; (3)床脚稳固
8	床头柜	(1)床头柜洁净、无灰尘; (2)电视机、灯光等的开关完好; (3)电话机可正常使用
9	窗户	(1)窗台、窗口、玻璃洁净无灰尘; (2)窗帘无污迹; (3)窗帘箱内、窗台外无蜘蛛网
10	茶几	(1)茶几、圈椅、火柴要摆放规范; (2)茶几、烟灰缸洁净无灰尘
11	写字台	(1)抽屉内外、桌椅、沙发无灰尘; (2)抽屉内洗衣袋及洗衣清单摆放规范; (3)服务指南无污迹、无破损、内容齐全
12	灯具	(1)开关可用; (2)灯具、灯泡、灯罩洁净无污迹; (3)规范灯罩接缝朝向
13	空调	(1)正常运转; (2)开关洁净无污迹; (3)进、出风口无蜘蛛网
14	墙壁	(1)墙上画洁净无灰尘; (2)墙纸无脱落; (3)全身镜洁净无灰尘

续表

顺序	项目	标准
15	天花板	(1)石膏线无裂纹； (2)无蜘蛛网； (3)无水泡、无裂纹
16	踢脚线	洁净无灰尘
17	垃圾桶	(1)按规范套好垃圾袋； (2)桶内外干净无污迹； (3)规范摆放
18	地毯	(1)靠踢脚线处无小垃圾； (2)洁净无污迹
卫生间检查标准		
1	地面	(1)洁净、无毛发、无水渍； (2)定期喷药,地漏干净
2	门	(1)门灵活,无吱呀声； (2)门锁清洁,可正常使用； (3)门后磁吸正常； (4)门洁净无污迹； (5)门下出气孔洁净无灰尘
3	墙壁	(1)瓷砖洁净无破损； (2)皂槽洁净无污迹
4	灯	开关正常,洁净无污迹
5	浴缸	(1)浴缸内外洁净、无毛发、无污迹； (2)浴帘洁净无异味； (3)冷热水龙头可正常使用； (4)晾衣架光亮完好； (5)不锈钢水龙头、浴帘杆、浴缸扶手洁净光亮
6	洗脸池	(1)内外无水珠、无污迹； (2)镜面无水珠、无污迹； (3)面巾纸洁净无污迹； (4)易耗品摆放规范； (5)云台及易耗品盘洁净无灰尘； (6)烟灰缸洁净无灰尘
7	换气扇	(1)洁净无污迹； (2)正常运转
8	吹风机	(1)可正常使用,无损坏； (2)洁净无污迹

续表

顺序	项目	标准
		卫生间检查标准
9	马桶	(1)马桶盖、桶内外、座圈洁净无灰尘； (2)无异味，可正常使用，无破损； (3)卫生纸架光亮无污迹； (4)规范折角卫生纸； (5)三角阀处洁净无灰尘

4.2.6 客房异常状况处理

案例1

某酒店客房服务员整理客房时，发现2101房间的花瓶口掉了瓷片。服务员立刻向经理做了汇报。经理立刻赶往2101房间检查，发现确实掉了一块。经理找到工程部专业人士鉴定后，确定为人为所致。

虽然该房间住的是酒店VIP客人，但是客房部经理还是按照规定等客人回到房间后进行了了解。客人承认是自己弄坏了花瓶，但也同时强调，花瓶之前就有了裂痕，并且抱怨酒店配备了残次品作为装饰。

客人在解释的时候，客房部经理耐心地倾听，并没有插话。之后，客房部经理耐心地跟客人说："是这样的，我跟您的意见一致，我们也知道花瓶口本身可能已有裂痕。但是，刚才我们已经找来工程部专业人士进行了鉴定，鉴定结果是即使花瓶本身有裂痕，但是只要不磕碰，瓶口是不会掉下碎片的。您仔细回忆一下，是否磕碰过花瓶呢？"

听到经理的话，客人停顿了一下，问道："那你说怎么办？"看客人有让步的趋势，经理马上说："我们并无他意，只是想弄清状况而已，我们是怕您不小心划伤身体！"见经理如此关心自己，客人觉得很不好意思，赶紧向经理道谢，并表示如果需要修补他愿意承担修补费用。

本例中，客房部经理在处理客房异常情况时非常讲究技巧，首先极其尊重客人，并重视他的意见。站在维护客人利益的立场上，坚持实事求是的原则。其次，说话技巧十分高明，摆事实、讲道理，分清责任所在。在讲道理的过程中，又特别"换位思考"，站在客人的角度关心客人，赢得了客人的好感，为最后圆满处理这一情况奠定了基础。

客房一旦发生异常状况，就很容易产生纠纷。所以，酒店客房部要及时处理好，特别是酒店财物被损，客人伤病、醉酒、死亡等特殊事件，酒店客房部经理要表现出良好的职业道德，并按照既定的处理方案，如表 4-17 所列，及时为客人提出解决方案，尽量在不损害酒店利益的前提下令客户满意。

表 4-17　客人特殊事件的处理方案

事件类型	处理方案
醉酒事件处理	对醉酒程度轻的客人，婉言相劝，安置回房休息；对醉酒程度重的客人，立即上报保安部，协助保安人员将客人带回房间
	如果醉酒的客人有需求，为防止发生意外事件，客房服务员要同客房服务中心值班人员一同前往
	留意观察醉酒的客人，防止客人失去理智破坏房间或公共安全
	遇到醉酒客人，不要单独扶其回房间，帮其宽衣休息，以免引起不必要的误会
	醉酒的客人如果大声吵闹，要婉言相劝，避免影响其他客人的正常休息
死亡事件处理	一旦发现客人在客房死亡，立即报告客房部经理、总经理、保安部等部门，并锁上房门，以保护好现场
	禁止闲杂人员出入现场，如果有媒体欲进入，礼貌谢绝
	协助警方进行调查验尸，提供线索，并通知死者家属
	客人的遗留财物，客房服务中心列好清单并由专人保管，待家属领取
	因病抢救无效而死亡的客人，由在场医生出具证明
	与家属协调，利用后门进出，以免惊动其他客人
	彻底消毒房间，将客人所使用的物品全部报请销毁
	事件处理完毕后，由客房部经理将所有经过及处理结果报告酒店总经理
突发性疾病处理	如果发现客人有心脑血管疾病、肠胃疾病、食物中毒等突发疾病，立即请驻店医生诊治，并报告客房部经理
	如果客人病情严重，客房部经理要联系客人家属或随行人员
	突发疾病处理完毕，酒店客房经理要做相应详细的书面报告，说明事件发生原因、经过、结果
传染性疾病处理	客房服务人员对客人使用过的用具要严格消毒，并在客人离开后，对卫生间、房间进行严格消毒
	如果发现客人有传染病，立即向客房中心报告，并向防疫卫生部门汇报
	对客人接触过的酒店服务人员，进行体检，防止传染病扩散

4.2.7　提升客房服务质量的途径

（1）提高酒店服务员的服务技能

要想提高客房服务质量和工作效率，酒店经理就要让客房经理多开展强化训练、竞赛等活动，让酒店员工熟练掌握服务技能和操作流程。

客房部经理要做好调研，广泛征求客人意见，了解客人需求，及时发现酒店服务的不足之处，并进一步制订和修改有关计划。客房部经理可以制订相应的客人意见表，具体内容如表4-18所列。

表4-18 客人意见表具体内容

(1)接待 接待处　满意( )一般( )不满意( ) 大堂副理　满意( )一般( )不满意( ) 电话员　满意( )一般( )不满意( ) 询问处　满意( )一般( )不满意( ) 行李员　满意( )一般( )不满意( ) 结账处　满意( )一般( )不满意( ) 意见：	(2)客人服务 设施　满意( )一般( )不满意( ) 服务　满意( )一般( )不满意( ) 洁净　满意( )一般( )不满意( ) 洗衣　满意( )一般( )不满意( ) 意见：
(3)阁下订房是通过 旅行社办理　( ) 直接向酒店办理　( ) 单位介绍　( ) 参加会议( ) 其他途径( )	(4)阁下为何选择本酒店 他人推荐　( ) 以往住过　( ) 酒店声誉　( ) 广告　( ) 其他原因　( )
(5)餐厅 一楼中餐厅　满意( )一般( )不满意( ) 二楼中餐厅　满意( )一般( )不满意( ) 西餐厅　满意( )一般( )不满意( ) 意见：	(6)康乐 桌球室　满意( )一般( )不满意( ) 游泳池　满意( )一般( )不满意( ) 桑拿健身房　满意( )一般( )不满意( ) 卡拉OK　满意( )一般( )不满意( ) 意见：
对酒店总体评价 服务态度　满意( )一般( )不满意( ) 卫生清洁　满意( )一般( )不满意( ) 收费标准　满意( )一般( )不满意( ) 维修保养　满意( )一般( )不满意( ) 总体评价　满意( )一般( )不满意( )	阁下对酒店的建议和其他意见： 姓名： 房号： 入住日期： 通信地址：

客房部经理为激励酒店员工提供更加优质的超值服务，除了制订客人意见表外，还要设置表扬卡，如图4-8所示，让优秀员工成为酒店其他员工学习的榜样。

表 扬 卡

尊敬的客人：

　　您好！

　　感谢您下榻 ＊＊ 大酒店。我们想知悉您在本酒店期间，是否获得超前服务。耽误您一点时间，请您帮我们填此表扬卡，以帮助我们表扬和鼓励为您提供超前服务、令您非常满意的员工，我们将不胜感激。谢谢！

　　您获得的超前服务是_____

　　为您提供超前服务的酒店员工是_____　提供超前服务的日期是_____

　　您的名字是_____房间号或联系电话是_____

　　请您将此卡交给酒店的任何一名员工，他们会非常乐意为您将卡片投入指定信箱。

图 4-8　表扬卡模板

（2）为客人提供个性化服务

　　每一位客人都有自己的特色与个性，酒店客房部只有提供个性化服务，才能提高客人的满意度。

　　为客房部经理掌握接待服务情况、提高客房管理水平，酒店客房部要用文字说明或报表形式将接待服务过程中发生的具体事实进行记录。

　　1）客房状况报表

　　客房状况检查通常安排在每日的 11 点、16 点、20 点。酒店服务员检查后填写该报表，并最终确认住宿房号、故障房号、退出房号等资料，以便保留最新、最正确的客房资料。

　　2）客人习性表

　　根据客人的要求或者特殊习惯，做成习性表，记录在客人历史资料档案里，第二联由客房部留底。

　　3）客房清理工作检查表

　　酒店员工到客房办公室取客房清理工作检查表，填好"周保养""特别注意事项""增加清理房间房号"几项内容后，进行一天房务检查工作，并于下班前交于客房办公室。

4）客房检查报告表

楼层领班负责填写客房检查报告表，并递交客房办公室，汇总后交于酒店前厅处理。

5）客房部夜间巡查记录

领班负责填写客房部夜间巡查记录，如果客房部人员下班，当值经理负责填写此表。

4.3 客房的其他管理

4.3.1 客房设备管理

客房产品包括实物产品和无形产品两种，客房设备用品即客房实物产品，在整个酒店的投入中占有很大的比例，是客房产品的重要组成部分，是客房部员工为客人提供最基础客房服务的保证。

客房设备用品配置科学合理，运行有效正常，出现问题后维修高效及时，这些不但可以直接延长其使用寿命，提高使用效率，保证产品质量，还间接关系到客房产品的整体质量，关系到部门的成本控制和酒店的经济效益。因此，客房部必须加强对客房设备用品的科学管理。 那么，客房设备管理包括哪些内容呢？

一般来讲有两个部分，一个是设备的资产管理，另一个是设备的日常管理，如图4-9所示。

图4-9 客房设备管理的内容

（1）设备的资产管理

客房设备的资产管理目的是让管理者明确本部门的设备资产情况，准确掌握设备的进出和使用状况。

1）设备分类编号

酒店设备的资产管理是从新进设备的分类编号开始的。凡是正式划归客房部管理和使用的设备，都要进行统一编号。设备一般可按功能进行分类，编号既可用数字，也可用英文字母或汉语拼音，主要视酒店的需要而定。具体方法有：

① 三级号码制。是指客房设备的编号用三个数字或字母来确定。第一个号码表示设备的种类，第二个号码表示设备所处的区域，第三个号码表示设备的单机排列序号。如客房的电视机可以编为：B5-3-7，B5 表示电器类中的电视机（B 表示电器类，5 表示电视机），3 表示客房部，7 是电视机编号。

② 四级号码制。按大类、小类、区域组别和单机序号来编排。

③ 五级号码制。按大类、中类、小类、区域组别和单机序号来编排。

2）设备登记建档

当完成对客房设备的分类编号后，客房部就要为设备建立档案。建档工作主要通过设备登记卡和设备台账来完成。

设备登记卡主要记载设备的名称、型号、编号、规格及制造厂家等，并附有检修保养记录和事故记录。然后根据设备登记卡填写设备登记表，并在客房部固定资产台账上做相应的记录。设备登记卡和台账是设备计划检修和确保设备正常运行的重要依据，也是设备技术改造、报废、财产清查的主要依据。

（2）设备的日常管理

设备的正确使用和维护保养，是客房设备日常管理两个不可分割的环节。合理使用、妥善保养各种设备，可以保证客房产品处于正常完好的状态，有利于提升酒店的服务品质，也可以延长设备的使用寿命，相对降低设备的成本消耗。

1）设备的日常使用

制订完善的设备使用制度。客房部应制订设备使用的规章制度，包括设备使用操作规程、设备维护规程、操作人员岗位责任制度、交接班制度、日常检查制度、报损赔偿制度、定期清点制度等。各项规程要落实到班组和个人，定机定人，使全体员工在制度的约束下，按规程操作，管好、用好、养好设备，完成工作任务。

加强对客房服务员的培训。对客房服务员进行必要培训，培养其良好的职业道德和责任心，自觉爱护设备，并使他们掌握设备使用和保养的方法与技巧，养成良好的使用和保养设备的习惯，避免因其不会使用或使用不当而造成设备的损坏。

合理安排客房的周转。各种设备是根据不同的科学技术原理设计制造的，其性能、运行负荷、使用范围等都有一定的要求。因此，客房部应科学合理地安排、控制客房的周转，确保设备合理的工作负荷。

2）设备的日常检修

客房服务员在日常工作中要按规程对设备进行日常的检查，发生故障要及时和有关部门进行联系。一般由服务员填写维修单，一式二份。如遇紧急情况，也可以先电话通知工程部维修，之后再补维修单。如遇到宾客损坏设备，要分清原因，适当索赔。工程部员工在客房设备运行中也要按计划规定的时间，对客房设备进行全面检查，以便及时发现问题，及时修理或保养，以保持设备良好的技术性能，发挥其应有的功能。

客房设备维修效率和效果直接影响到酒店客房产品的使用和质量。因此，酒店有关部门人员应及时了解、掌握当天的维修情况。多数酒店规定，客房部每天需要与工程部核实维修情况，并制作"维修统计表"，一份交工程部，一份留存，其他送有关部门和人员（大堂副理、值班经理或运营总经理）。工程部根据此表核查当天维修情况，发现问题及时处理。

3）设备的报废处理

对客房部更换下来的设备进行报废管理也是控制设备成本的重要环节。客房设备的报废，首先由客房部提出申请，由工程部会同有关技术单位进行技术鉴定，确认符合设备报废条件后，填写设备报废鉴定书；价值较大的设备，应经总经理批准，由设备管理部门组织对报废设备进行利用和处理。其次。报废设备残值回收凭证，应随酒店领导批准的报废意见同时送交财务部门，注销设备资产，同时注销台账卡片。最后，设备报废的各项手续、凭证，必须存入设备档案。

4.3.2　客房消耗品控制

客房消耗品一般是指供客人使用，但是使用年限较短、价值不高的物品。客房消耗品按其消耗形式可以分为多次性消耗品和一次性消耗品两大类。

多次性消耗品是指客房内所配备的可供多批客人使用、正常情况下不会在短期内损坏或消耗的物品，这类物品亦可称客房备品或客用固定物品。它们仅供客人在住店期间使用，不能被损坏或在离店时带走，如布草、水杯、酒具、文件夹、烟灰缸、衣架等。多次性消耗品还包括宾客租借用品，如熨衣板、熨斗、转换插座、充电器、备用枕头等。这些物品一般存放在客房服务中心或楼层工作间，供客人临时需要时使用。因此，客房部必须制订相应的物品租借制度，以保证这些物品的归还。

一次性消耗品又称一次性客用品、低值易耗品或免费供应品等，是指在客房内配备的供客人住店期间使用消耗、也可在离店时带走的物品。如茶包、信封、拖鞋、沐浴液、香皂、化妆用品等。虽然从单个上看价值不高，但由于消耗频率高、消耗量大，汇总起来费用也是相当可观。在保护地球、保护环境、倡导绿色消费的今天，对客房消耗品加以有效控制，既可以提高客房和酒店的盈利水平，又可以为环保事业尽责，可谓一举两得。

（1）客房消耗品的领发

客房消耗品的领发是指客房部从酒店采购部领取和本部门发放两方面的工作，一般由客房部中心库房或客房服务中心负责。

① 统计存货。在领发之前，楼层服务员应将楼层工作间的客房消耗品现存情况统计出来。

② 提出申领。按照楼层工作间的规定配备标准减去现有存量，提出申领计划。

③ 填表。填好客房消耗品的申领表，由楼层主管签字。

④ 领取。中心库房或房务中心根据申领表从采购部或酒店总仓库申领物品，分发放到楼层，并凭申领表做账。一般酒店规定有固定的领发时间，一般一周领发一次，固定在某一天。

⑤ 统计。领班每天汇总楼层物品的消耗量，每周汇总一周的消耗量，并作分析比较。如果是大型酒店可由专人负责物品领发、保管和统计。

（2）客房消耗品的保管

做好客房消耗品保管的关键是要有良好的库存条件和合理的保管流程。良好的库存条件包括如表 4-19 所列，高效而合理的流程包括如图 4-10 所示。

表 4-19　良好的库存条件

序号	库存条件
1	库房要保持清洁、干燥、整齐，配有完整的、开放式的存放货架
2	货架之间要保持一定的间距，以便于消耗品拿取和通风
3	验收后的消耗品要分类摆放在货架上，整齐、免受压
4	进出物品及时填写货卡，做到"有货必有卡，卡货必相符"

（3）客房消耗品的控制

客房消耗品的控制可以从两方面着手。一是中心库房领发员通过对楼层每日、每周、每月客用品消耗量，结合客房出租率及上月情况，制作客用品消耗分析对比表，从整体上把控整个客房部的客房消耗品领发、保管、汇总、统计

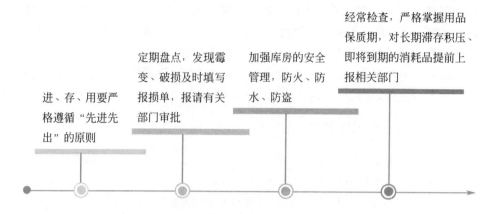

经常检查，严格掌握用品保质期，对长期滞存积压、即将到期的消耗品提前上报相关部门

定期盘点，发现霉变、破损及时填写报损单，报请有关部门审批

加强库房的安全管理，防火、防水、防盗

进、存、用要严格遵循"先进先出"的原则

图 4-10　客房消耗品保管流程

工作，并对客房消耗品消耗总量进行控制；二是楼层管理人员通过制订有关的管理制度、加强对员工思想教育以加强对客房消耗品控制。

不过，由于客房消耗品的使用主要是在集中楼层，因此客房消耗品的控制关键在于楼层领班。

1）建立楼层领班责任制

客房部可以由领班负责楼层物资消耗品的领发、保管和数量统计，楼层领班通过服务员每日清扫房间的数量，分析比较每个服务员、每间客房的平均消耗量。同时，要求领班加强对员工操作的现场督导检查，对于违反操作流程、店纪店规的员工及时批评教育，并做出相应处理。另外，尽可能做好废物利用、旧物利用的工作，减少人为浪费和损坏。杜绝员工的野蛮操作，减少客房消耗品的浪费和损坏。

2）做好每日统计分析

楼层领班通过服务员的客房报告控制客房消耗品的消耗量。服务员按规定为客房配备补充物品，并在服务员工作表上做好记录。领班根据工作表对服务员领取的客房消耗品的数量和品种进行核对，防止服务员偷懒或克扣客房消耗品。

同时，进行每日统计，定期分析。服务员每天按规定数量、品种添补消耗品，并在工作报表上做好记录。办公室文员或客房服务中心服务员负责本楼层客房消耗品的管理，每天汇总本楼层消耗品的数量，填写消耗品统计表，并向客房部经理汇报。

3）降低消耗、保护环境

合理降低消耗能够有效控制成本，提高经济效益，更有利于做好环境保护工作，对于酒店乃至全行业的生存发展都具有重要的意义。当前，随着"绿色

酒店"绿色客房"的兴起，客房消耗品消耗控制要大力推行"4R"做法，所谓
"4R"是指 4 个以"R"开头的英文，如图 4-11 所示。

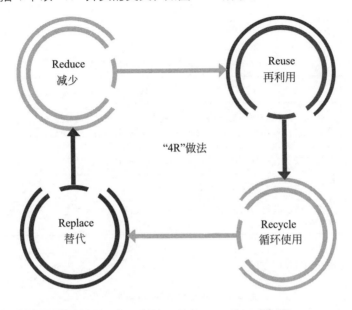

图 4-11　客房消耗品消耗控制的"4R"做法

因此，客房消耗品的控制还着重体现在对消耗的控制上，要求在满足客
人正常需求，不影响酒店服务品质的前提下，切实做好降低消耗和环境保护
工作。

4.3.3　客房布草管理

布草又称为布件、布巾或棉织品。在酒店的经营活动中，不仅是一种日常
生活必需品，也是酒店客房装饰布置的重要物资，对客房的格调、气氛起着重
要的作用，也是体现客房舒适度的一个重要标志。尤其是四、五星级酒店对这
方面更为关注。因此，做好布草管理工作非常重要，酒店经理要真正重视起布
草管理工作，这是酒店服务水平和软实力的体现。

酒店布草管理工作包括布草的选购、日常管理等两个方面。

4.3.3.1　布草的选购

布草的选购需要根据酒店的风格、档次、资金情况，从质量、数量、价
格、类型等方面全面把控。质量、数量和价格这个通常是由酒店实际需求和市
场变化情况而决定的，很难受人的主观意愿控制。因此这里重点阐释以下布草

的类型，分类标准如表4-20、表4-21所列。客房部经理在决定采购布草时，一定要明确地知道需要哪一类型的。

（1）按使用部门及用途划分

表 4-20　布草按使用部门及用途划分

类型	用途
客房布草	指在客房区域使用的各种布草。主要有：床上布草，包括床单、枕套等；卫生间布草，包括方巾、面巾、浴巾、地巾等，由于它们基本上属毛圈织物，故都可称为毛巾
餐厅布草	指在餐饮部门使用的各种布草。如台布、餐巾、小毛巾等
装饰布草	指用于装饰的布草。如窗帘、椅套等
其他布草	指在酒店其他部门使用的各种布草。如康乐部的各类毛巾、浴袍、按摩椅套、按摩服等

（2）按质地、材料划分

表 4-21　布草按质地、材料划分

类型	用途
棉织	如客房内的大部分布草
麻织	如餐厅台布和餐巾等
丝织	如客房的装饰物或豪华客房的睡衣、睡袍等
混纺织	主要有棉麻混纺和棉涤，多用于餐厅台布，床上用品

4.3.3.2　布草的日常管理

布草的消耗定额往往在部门编制下年预算时加以确定，并结合预算管理工作进行有效的控制。

（1）确定布草消耗定额

制订客房布草消耗数量定额，是加强布草成本控制的重要措施之一。因此，酒店经理要根据单房配备量，确定年度损耗率。具体做法如下。

1）分析损耗率的影响因素

损耗率指布草在一定时期（一般为一年）的磨损程度。确定损耗率要考虑两点：一是布草的洗涤寿命，一般全棉床单的耐洗次数为250次左右，棉涤床单的耐洗次数为450次左右，毛巾约为150次；二是酒店的规格等级要求，一般豪华酒店的布草在六成新即行淘汰或改作他用，而经济型酒店则可能到破损才会淘汰。

2）损耗率的计算

损耗率的计算有一个固定公式，假设 A 为单项布草年度消耗定额，则：

$$A = BXFR$$

其中，B 为布草单房配备张数；X 为客房数；F 为预计的客房年平均出租率；R 为单项布草年度损耗率。

案例 2

某酒店有客房 200 间，床单客房单间配备为 4 套，每套 2 张，床单每天一换，其洗涤寿命为 300 次，预计客房平均出租率为 75％，求其年度消耗定额（一年按 360 天计算）。

计算如下：

确定该酒店的年度消耗定额，需要先确定年度损耗率，因此，首先要计算出年度损耗率。

第一步：计算出年度损耗率。

每张床单实际年使用次数：360÷4＝90（天）

如果床单每天一换，则每年的实际洗涤次数为 90 次。

每张床单的实际使用年限：300÷90＝3.3（年）

年度损耗率：1÷3.3＝30％

第二步：根据年度损耗率确定客房布草消耗定额。

根据上述公式计算得：$A = BXFR = 4 \times 2 \times 200 \times 75\% \times 30\% = 360$（张）

（2）布草的制度管理

酒店经理对布草进行管理时，首先应从制度的制订和完善上做起，以规范和约束客房部员工的行为。比如，布草收发制度、盘点制度、使用制度、储存和保管制度等。

1）布草收发制度

布草收发环节是控制布草进出、防止布草流失的重要环节，必须建立严格的收发制度和合理的收发程序，确保布草安全进出。布草的领用收发原则上是以脏换净，即客房部填表列明送洗脏布草的品种、数量，洗衣房收到后由指定人员清点复核，在"布草申领单"（如表 4-22 所列）上签字认可，员工凭此到布草房领取相同品种和数量的干净布草。如果客房部需超额领用，应填写借物申请，经有关人员核准方可。如果布草房发放布草有短缺，也应开出欠单作凭证。

表 4-22　布草申领单

楼层：＿＿＿＿＿＿＿＿＿＿＿＿＿＿＿＿＿＿＿＿＿＿＿＿　＿＿＿年＿＿月＿＿日

种类	送洗数量	布草房发数	洗衣房收数	申请人	备注

　　布草房在控制好布草进出数量关的同时，应把好质量关。每当客人离开后，收拾布草时，应将有污迹、有破损的拣出，并及时送还洗衣房重洗，严重的直接按照报废流程处理。在清洗布草时则应遵循"先洗先出"原则，先发放先洗的布草，让后上架的布草尽可能散尽热气等。

　　2）布草盘点制度

　　定期盘点布草是防止布草流失、了解布草库存和使用情况、保证布草正常周转的重要手段。布草盘点要以布草购进档案和相关账本为依据，对在洗、公用、库存、报损的布草都要实地清点，统计精确，做到账实相符。盘点时要停止布草流通，防止漏盘和重盘。

　　盘点工作通常为一月一小盘，半年一大盘。大盘点由客房部会同财务部进行，在此基础上进行统计分析，统计分析表如表 4-23 所列。

表 4-23　布草盘点表

部门：＿＿＿＿＿＿＿＿＿＿＿＿＿＿＿＿　制表人：＿＿＿＿＿＿＿＿＿＿＿＿＿　＿＿＿年＿＿月＿＿日

项目	客房	楼层房间	洗衣房	布草房	上次盘点	本月增加量	总计	报废	应存数	实存数	盘盈	盘亏	备注
床单													
枕套													
面巾													
地巾													
大浴巾													
小浴巾													
方巾													
浴袍													

　　3）布草的使用制度

　　布草的使用一般遵循的是"以大改小"原则。如报废的大床单可以改成单人床单，单人床单可以改成儿童床单，还可以改成枕套或后勤用桌布、厨房用围裙等，最后可以改成抹布。需要注意的是这也需要根据情况而定，并不是所有的布草都要遵循这个原则，不符合使用要求的也必须报废处理，比如，卫生间报废的毛巾不可以改制成客房用抹布，以免客人误会而影响酒店声誉。

对破损、有无法清除的污迹以及使用年限已满的布草应及时进行报损处理，但任何能够修补的布草都要交给裁缝工做必要的修补。所有低于标准的布草要经过主管鉴定后，才能决定是否报损，并对全部报废的布草（种类、数量）进行登记（表 4-24），每月将汇总报告上交主管和财务部总监。

表 4-24　布草报废记录表

填报人：　　　　　　批准人：　　　　　　　　　　　　　　　　___年__月__日

报废原因	数量							备注
	床单	枕套	面巾	地巾	方巾	浴巾	其他	
使用年限已到								
破损								
达不到卫生要求								
其他								
合计								

物尽其用是酒店布草物资管理的一个重要原则。客房部每年因为各种原因，报废大量的布草，如果能将这些报废的布草进行合理的再利用，则可以降低物耗成本，培养节约意识，减少不必要的资金投入。

4）布草的储存和保管制度

首先，存库的选择，要符合储存条件和环境。 布草库房应选择通风好，微生物不易繁衍，不易霉变，远离火源、蒸汽，具有良好的温度和湿度（温度不超过 20℃，湿度 50% 以下）的区域。库房墙面应经过良好的防渗漏、防霉蛀处理，地面材料最好采用 PVC 石棉地砖，天花板要吊顶防水。此外还应安装排风扇、抽湿机。这样才能有效防止室内产生湿气。为使布草得到妥善保管，还应有足够的搁架、橱柜以便布草分类摆放。布草摆放应离地面、墙面有一定距离。 另外，还要考虑安全防盗。

其次，管理人员要善于运用科学的保管方法。 布草存放要根据不同部门、不同种类、不同颜色等分类摆放，常用的有"五五摆放""四号定位"。"五五摆放"指同一种物品以"五五成行、五五成方、五五成串、五五成包、五五成堆、五五成层"摆放。"四号定位"即按库号、架号、层号、位号对物品进行统一编号、合理摆放，以便存放取送和检查盘点等。

最后，以严格的库房管理制度为保障。保持库房清洁，定期除虫害。严禁烟火，限制无关人员进出。布草房不应存放其他物品，特别是化学药剂、食品等。对购进的不同布草先入库入账，后发放。对暂时不用的布草要贴好标签封好，标签上注明内容、种类、尺寸。对长期不用的布草应用防尘罩，防止积尘、变色，造成布草二次污染。报废布草要贴好标签并注明"报废布草"。

附表：客房服务管理所涉及表单

附表 4-1　物资发放管理表

编号：

部门		客房专员		领用日期			
领料部门计划定额明细							
领料部门费用预算		已用预算	元	预算余额	元		
物料实发明细							
名称	类别	编码	规格	部门	数量	单价	备注
客房部经理签字			部门领班签字				

附表 4-2　物资发放管理明细表

编号：

部门		客房专员		领用日期			
领料部门计划定额明细							
领料部门费用预算		已用预算	元	预算余额	元		
物资实发明细							

明细	标间			套间					备注
	普通标间	高级标间	豪华标间	普通套间	双层套间	商务套间	豪华套间	总统套房	
类别									
编码									
规格									
部门									
数量									
单价									
客房部经理签字				部门领班签字					

附表 4-3　钥匙发放管理表

部门：

领用人姓名		领用日期		钥匙类别	
领用人在岗时间					
领用人下班时间		是否交回钥匙		□已交	□未交
钥匙使用及损耗说明					
部门领班签字		领用人签字			

附表 4-4　客房日用品领用单

编号：　　　　　　　　　　　　　　　　　　填表日期：　年　　月　　日

客房级别		客房数量			领用日期			
名称	类别	编码	规格	部门	数量	单价	备注	
部门主管签字				领用人				

附表 4-5　客房用品配备表

编号：

客房级别			用品名称	数量	摆放要求	备注
标间	普通标间	房间				
		卫生间				
	高级标间	房间				
		卫生间				
	豪华标间	房间				
		卫生间				
套间	普通套间	房间				
		起居室				
		卫生间				
	双层套间	房间				
		起居室				
		卫生间				

续表

客房级别			用品名称	数量	摆放要求	备注
套间	商务套间	房间				
		起居室				
		卫生间				
	豪华套间	房间				
		起居室				
		卫生间				
	总统套房	卧室				
		起居室				
		会议厅				
		餐厅				
		书房				
		客卧				
		卫生间				
总经理签字		客房部经理签字				

附表 4-6 客人遗留物品登记表

编号：

客人姓名		房间号码	
入住时间		离店时间	
物品名称			
物品数量			
拾物位置		拾物者	
交客房部时间		客房部编号	
客人取回时间		部门经手人	
备注			

附表 4-7 客人借用物品记录表

编号：

客人姓名		房间号码	
借用物品名称			
借用物品数量			
用途			

续表

客人姓名		房间号码	
借出物品状况			
借用物品时间		交回时间	
借用物品服务员签字		接收物品服务员签字	
借用物品客人签字		交还物品客人签字	
归还物品状况及说明			
备注			

附表 4-8　客房用品管理登记表

编号：

房间号码		摆放人员		摆放日期		
级别		撤换人员		撤换日期		
客房用品摆放明细						
区域	位置	用品名称	数量	单价	合计金额	备注
客房用品使用撤换明细						
区域	位置	用品名称	数量	单价	合计金额	备注
客房部领班签字			撤换人签字			

附表 4-9　客房设备检查登记表

房间号码		客房级别		当班人员		
客房设备摆放明细						
区域	位置	用品名称	数量	单价	合计金额	备注
问题设备明细						
造成事由						
解决方案						
客房部领班意见						

附表 4-10 物资盘点报告表

盘点区号： 　　　组别： 　　　　　　　　　　　填表日期： 　年　月　日

物资编号			物资名称			
物资类别	□纺织品　　□台布类　　□毛巾类　　□电器　□一次性用品 □消耗品　□其他					
盘点时物资位置						
盘点时物资状况	□良品　　□次品　　□废品		说明			
盘点明细						
名称	编号	规格	账面数量	实际盘点数	差量	批次	领料票号	残损缺失数量
残损缺失明细								
残损缺失原因								
客房部经理签字		客房部领班签字			盘点员签字			

附表 4-11 清洁用品申领明细表

编号： 　　　　　　　　　　　　　　　　填表日期： 　年　月　日

序号	用品名称	申领用途	数量
1	水桶		
2	拖布		
3	马桶刷		
4	扫把		
5	簸箕		
6	玻璃水		
7	抹布		
8	橡胶手套		
部门主管签字		领用人签字	

附表 4-12　客房清扫派工表

编号：　　　　　　　　　　　　　　　　　填表日期：　　年　月　日

楼层		客房数量		客房级别	
日期	起止房间号	数量（间）	公共区域名称	清扫时间	负责服务员
周一					
周二					
周三					
周四					
周五					
周六					
周日					
领班签字					

附表 4-13　客房状态检查记录表

编号：

楼层：　　　　　　　　接班日期：　　　　　年　月　日　时　分

交班人客房状态检查明细								
序号	重锁	请勿打扰	有客	外宿	离店	空房	待修	备注
1								
2								
……								
接班人客房状态检查明细								
序号	重锁	请勿打扰	有客	外宿	离店	空房	待修	备注
1								
2								
……								
客房状态变更情况记录								
变更原因								
处理方案								

附表 4-14　楼层服务交接班记录

楼层：　　　　　　　　　　　　　　　　　填表日期：　　年　月　日

班次	交接时间	交接情况	签字	检查时间	检查情况	备注
早						
中						
晚						
客房状态检查说明						
未完成工作说明						
注意事项						
钥匙交接情况						
交班人			接班人			
客房部主管			领班			

第 5 章

餐饮服务管理

餐饮服务是酒店为入住客人提供餐饮产品或服务的一种行为。优质的酒店是以一流的餐饮服务为基础的，餐饮服务是酒店管理中重要的组成部分之一，是搞好酒店管理的重要内容，为酒店实现向客人提供全方位、高体验的服务奠定基础。

5.1 餐饮部

餐饮部作为宾客在宾馆中主要的消费地，在酒店整个经营中具有重要的地位。因此，打造一个完善的，与酒店经营、定位、客人消费需求相适应的餐饮部门，也是做好酒店经营管理必不可少的一部分。

5.1.1 餐饮部：酒店的重要创收部门

（1）餐饮部是酒店的重要创收部门

餐饮收入与客房收入、康乐收入并称酒店3大主营业收入，是重要的创收部门。其在酒店收入中所占的比重因不同地区和不同酒店的经营状况而定，当然也会受到酒店本身的经营思想、经营传统、酒店的位置、内部的设计、档次等主客观条件的影响。据不完全统计，餐饮部的营业收入大约占酒店总营业收入的30%。

（2）餐饮部的经营活动是酒店经营活动的重要组成部分

与酒店的其他部门相比，餐饮部更具有灵活性、多变性和可塑性。因此，也就成了众酒店相互竞争的瞩目之处。对于客房设施标准比较接近的酒店而言，餐饮服务质量常常是宾客挑选酒店的重要考虑指标。良好的餐饮经营，会为宾客提供良好的就餐场所。 同时为酒店增加收入，对酒店客房及其他综合服务产生积极带动的作用。

（3）餐饮部的服务、管理水平直接关系到酒店的声誉

美国酒店业先驱斯塔特勒（E. M. Statler）曾说："酒店从根本上说，只销售一样东西，那就是服务。"有形餐饮产品，既可以满足宾客的最基本需要，还能予以感官上的色、香、味、形等享受。

热情周到的服务，舒适典雅的就餐环境等餐饮部所提供的无形产品也可以让宾客在精神上感到愉悦。而餐饮部的服务水平又取决于其管理水平，餐饮服务水平是餐饮管理水平的最终表现。宾客根据餐饮部为他们提供的食品饮料的数量、质量和服务态度等判断酒店的服务质量和管理水平。因此，餐饮管理水平的高低直接关系着酒店的声誉。

5.1.2 餐饮部的组织机构设置

根据酒店规模，餐饮部通常可以分为小型、中型、大型，而酒店规模通常是按客房数量来划分的。目前国际上划分的标准是：客房在 300 间以下的为小酒店，客房在 300～600 间的为中型酒店，客房在 600 间以上的为大型酒店。

（1）餐饮部组织机构

1）小型酒店

小型酒店餐饮部组织机构应本着简单的原则，分工不宜过细，餐饮部总经理直接领导、指导，并监督下面的厨师长、餐厅负责人以及后勤负责人的工作。具体如图 5-1 所示。

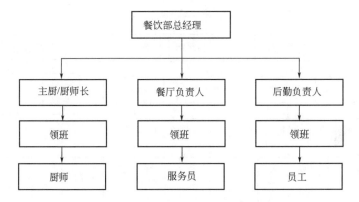

图 5-1 小型酒店餐饮部组织机构

2）中型酒店

相对于小型酒店餐饮部，中型酒店餐饮部的分工更加细致，总经理下或设置助理或更细化的部门经理岗位来辅助自己的工作。具体如图 5-2 所示。

3）大型酒店

大型酒店餐饮部组织机构复杂，层次众多，分工细致，具体如图 5-3 所示。

（2）餐饮部组织机构设置原则

1）效率原则

餐饮部组织机构的建立目的是为了更加高效地完成酒店分配的业务，同时便于部门、职员间的工作沟通，以提高部门的生产效率和盈利水平。因此，效率原则是餐饮部组织机构设置的基本原则。要做到效率原则，餐饮部在进行组织机构设计时应注意以下 3 点，如图 5-4 所示。

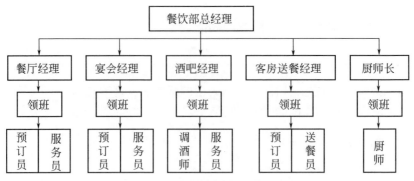

图 5-2   中型酒店餐饮部组织机构

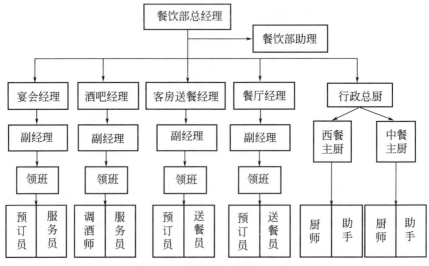

图 5-3   大型酒店餐饮部组织机构

管理跨度

　　管理跨度是影响餐饮部组织架构设计的主要因素之一，对餐饮部的执行效率有重要影响。一般来讲，管理跨度不宜过大，也不宜过小，上层管理跨度4～8人为宜，下层管理跨度8～15人为宜

岗位设置

　　岗位设置要因事设岗、因岗设人，即岗位设置要根据业务需要设立，与此同时，岗位的设置要严格与工作职责相符，不必要的岗位绝不多设

管理层级

　　所谓管理层级，就是在职权等级链上所设置的管理职位的级数。管理层级过多意味着命令和汇报渠道的延长，这样就会降低信息的传递速度，也会使工作效率降低

图 5-4   餐饮部组织机构设计注意事项

2）授权明确、权责相等原则

管理者在给下级授权时，必须明确规定下级的职责范围和权限，并将职责范围和权限具体列在岗位描述中。权责相等原则要求各级管理人员责任明确，权利是责任的保证，责任是权利的基础。只有权责对等，餐饮管理人员才能正常地从事各项管理工作，即有权必有责，有责必有权。

3）统一指挥原则

餐饮部的每个职员只接受直接上级领导的指挥，各级管理者也只按管理层级向自己管辖的下级人员发号施令，以免政出多门令下级无所适从。

4）弹性原则

餐饮经营受外界客观因素影响较多，而且有明显的季节波动性和随机性。因此，餐饮部的机构设置不能过于死板一成不变，而应保持一定弹性。组织内部的部门划分可随业务的需要增减或调整，基层岗位人员的编制可根据淡旺季的业务波动而增减，实行弹性用人制度。

5.1.3　餐饮经理的岗位职责

餐饮部经理职责包括在了解市场需求的基础上，按照一定的原则，运用多种管理方法，对部门所拥有的人力、物力、时间、信息等资源进行计划、组织、指挥、协调和控制等一系列活动，从而保证既定目标的实现。

（1）计划

计划职能是指通过科学的调查、研究、分析和预测并以此为基础确定未来某一时期内的发展目标，规定目标实现的途径和方法。简而言之，计划是在确定了目标的情况下明确做何事，如何去做及何时做才能达到目标。

1）分析经营环境，设定管理目标

餐饮的经营管理活动是在一定的客观条件下进行的，一个称职的管理者必须对所面临的经营形势和环境有充分的了解，为制订准确的经营管理目标做好准备。环境分析主要包括外部环境分析和内部环境分析两个方面，具体内容如图 5-5 所示。

在内、外环境分析的基础上，确定经营方针和经营管理目标。设定餐饮管理目标时，首先设定总体战略目标，然后形成市场、销售、质量、效益等具体管理目标，并通过管理目标的层层分解，转化为收入、成本、费用、利润等经济指标，落实到部门、基层班组等各级管理部门和人员。

2）发挥规划功能，合理分配资源

发挥规划功能就是要求餐饮管理者根据制订的管理目标，做好各项经营管

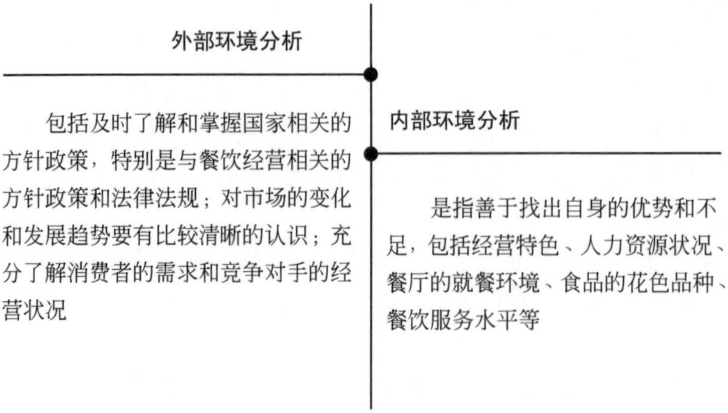

外部环境分析

包括及时了解和掌握国家相关的方针政策，特别是与餐饮经营相关的方针政策和法律法规；对市场的变化和发展趋势要有比较清晰的认识；充分了解消费者的需求和竞争对手的经营状况

内部环境分析

是指善于找出自身的优势和不足，包括经营特色、人力资源状况、餐厅的就餐环境、食品的花色品种、餐饮服务水平等

图 5-5 经营环境分析的两个方面

理工作的统一规划，保证餐饮经营各部门、各环节的协调发展。餐饮管理的规划工作包括以下 3 个方面。

① 人力资源规划。根据经营目标和发展要求、接待能力和管理任务，设定合理的组织机构和人员配置方案，对食品原材料筹措、厨房生产和餐厅销售服务等环节的管理人员、生产人员和服务人员进行统一、合理的规划，确保各项工作的顺利进行。

② 服务项目规划。通过市场调研，了解目标客源市场的需求和特点，有针对性地对餐厅类型、服务内容、销售方式进行设计和规划，以满足客人多层次的消费需求，吸引更多的客人，提高餐饮经营效益。

③ 经营活动规划。经营活动规划就是要对餐饮产品设计、食品原材料采购、厨房生产和餐厅服务、市场推广等各种经营业务活动进行统筹安排和规划，使各工作环节之间形成相互关联、相互衔接的管理体系，保持全局一盘棋。

（2）组织

有组织的工作是从人类应合作的需要产生的。合作使人们在实现决策目标的过程中，获得比个体劳作更大的力量和更高的效率。实践中人们根据工作的要求与人员的特点，设计岗位，通过授权和分工，将适当的人员安排在适合的岗位上，用制度规定各类人员的职责，协调上下左右的相互关系，形成一个有机的组织结构，并使整个组织协调地运转。这就是管理的组织职能。

餐饮部的组织职能包含着两方面的含义。一是指餐饮部的组织结构和组织管理体制，即餐饮部管理机构的设置、各管理层次的职能权限、人员的分工协作，以及所有这一切的相互关系。二是指为了达到餐饮部的经营目标，合理地组织和调配餐饮部甚至是整个酒店的人、财、物力，形成高效的接待能力。

组织工作的优劣在很大程度上决定着餐饮部管理的决策、计划实施的成败。因此，组织职能是餐饮部管理活动的根本职能，是其他一切管理活动的基本保障。

（3）指挥

指挥是管理者将有利于餐饮目标实现的指令下达给下属，使之服从并付诸行动的一种反映上下级关系的管理活动。餐饮经理的指挥职能包括以下 4 个方面，如图 5-6 所示。

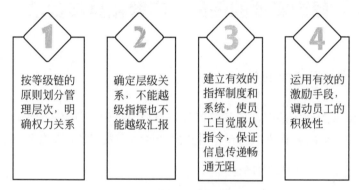

1	2	3	4
按等级链的原则划分管理层次，明确权力关系	确定层级关系，不能越级指挥也不能越级汇报	建立有效的指挥制度和系统，使员工自觉服从指令，保证信息传递畅通无阻	运用有效的激励手段，调动员工的积极性

图 5-6　餐饮经理的指挥职能

（4）协调

协调是指分派工作任务，组织人员和资源去实现目标，对餐饮部内出现的各种不和谐现象采取调整等管理活动。其目的是保证各项经营业务活动的顺利开展，并实现经营目标。

餐饮部的协调职能包括外部协调和内部协调两大类。外部协调要处理好与宾客之间的关系和与社会各界的关系。内部协调要处理好垂直管理的各层次之间的协调，和层次相同的各部门、各岗位之间的平衡与协调。

（5）控制

没有控制就没有管理。控制是管理人员按决策目标和确定的标准对餐饮部经营活动进行监督、调节、检查、分析，发现实际情况与目标之间超过允许值的偏差并予以处理的活动。简单地说，控制职能需要先确定目标，根据目标实施检验和调整的功能。控制职能贯穿于酒店餐饮经营过程始终。

控制的基本要求是使餐饮部实际的经营活动能和决策计划相一致。执行控制职能的关键在于信息的反馈。客源数量、营业收入、成本消耗、经济效益等要做好原始记录和及时的统计分析。通过信息的反馈，才能对每一个计划的执行情况进行比较，分析产生偏差的原因，对计划进行修正和控制。纵向看，各个管理层次都要充分重视控制职能，越是基层的管理者，控制要求的时效性越短，控制的定量化程度也越强；越是高层的管理者，控制要求的时效性越长，综合性越强。横向看，各项管理活动、各个管理对象都要进行控制。

5.2　餐饮管理的任务、内容和基本要求

5.2.1　餐饮管理的任务

餐饮管理的任务是以市场开发和客源组织为基础，以经营计划为指导，利用餐饮设备、场所和食品原材料，科学合理地组织餐饮的产品生产和销售。

（1）搞好餐饮经营市场定位

餐饮管理要根据市场环境和内部条件，认真做好市场调查，选准目标市场和客源对象，搞好市场定位，并据此确定餐厅的经营风味、花色品种、经营方针、经营策略、产品价格，保证市场定位始终适应目标市场的需求变化。

（2）确定餐饮管理预算目标

餐饮管理要根据市场定位、经营策略、经营措施，在市场调查与分析的基础上，认真做好市场预测，合理确定预算目标，编制餐饮管理经营计划，确定餐饮部各餐厅收入、成本、费用、利润目标。

（3）做好食品原材料采供管理

餐饮管理要根据计划目标和业务需要，做好原料及物品采购业务、库房管理、领料发料等工作，保证生产需要。

（4）搞好厨房生产过程的组织

餐饮管理要根据不同餐厅的经营风味，合理安排生产流程，继承和发展烹调艺术，搞好厨房生产过程组织，保证产品质量。

（5）做好餐厅销售管理，提供优质服务

根据不同餐厅性质、风味提供优良就餐环境，合理安排服务程序，做好餐厅服务过程组织，确保提供高质量、高效率的服务，满足客人物质和精神的需要，提高销售量和收入。

（6）按制度做好成本核算与成本控制

餐饮管理要制订标准成本和消耗定额，做好逐日、逐月的成本核算，加强成本控制，做好成本考核和成本分析，降低劳动消耗，以获得良好的经济效益。

5.2.2　餐饮管理的内容

餐饮经营管理是把可利用的各种资源整合起来，通过有效地利用人力、物力、财力和信息等生产要素，赋予资源更大的价值，以此来实现酒店餐饮部门的经营目标。

（1）人力资源管理

人力资源管理是餐饮管理的首要任务，因为有了人，才能顺利开展各项工作。人力资源管理包括人员配置、人员招聘与选拔、人员培训、考核与激励、保持餐饮部人员的动态平衡等内容。

（2）经营效益管理

经营效益是酒店餐饮的营业状况、盈利水平、成本控制效果、资金使用态势的综合表现。利润最大化和成本最小化是餐饮经营管理的目标。餐饮部经营效益管理的内容包括经营计划管理、经营指标管理和营销策划管理等。

（3）物资原料管理

餐饮产品的生产和服务对设备、设施的依赖性很强，对其管理的好坏将直接影响到经营的成败。物资原料管理内容包括设备设施管理，餐具用具管理和食品原料管理等。

（4）产品质量管理

餐饮产品质量关系到餐饮部的生存和发展，甚至影响整个酒店的信誉和经营。因为，餐饮产品由实物产品和服务产品两部分组成，产品质量也包括这两个方面。酒店餐饮部门应对厨房出品质量、服务质量和就餐环境质量等进行管理，以获得较高的客人满意度。

（5）工作程序管理

餐饮部工作程序管理是指餐饮部为做到生产经营工作有序进行而必须从事的一些日常基础管理，包括工作流程规划、制订生产规范、制订管理制度、设计运转管理表格和建立督导机制等。

（6）卫生管理

饮食卫生关系到客人的身体健康，关系到酒店的声誉，卫生管理不容忽视。酒店餐饮卫生管理包括食品卫生安全管理、生产操作卫生安全管理、设备及使用的卫生安全管理、产品销售及环境卫生安全管理和餐饮卫生安全管理。

（7）餐饮经营中的风险管理与创新管理

酒店餐饮部的经营是在内部环境中进行的，但受到国家政策、原料供应、客人需求等外部因素影响。为此餐饮部应正视各种可能存在的风险，想方设法采取措施防范风险，弥补风险造成的损失。

创新是酒店餐饮部门谋求发展、提高核心竞争力的重要手段之一。餐饮部门创新主要表现在产品创新、技术创新、制度创新。

5.2.3 餐饮管理的基本要求

（1）掌握客源，以销定产

酒店餐厅的产品一定要尽可能快地卖给客人，以保证新鲜与质量。因为食物做好后是很难保存的，所以要求管理人员必须根据订餐情况、市场环境、历史资料、当地气候、天气预报、节假日变化等，做好预测分析。每天、每餐次尽可能掌握就餐客人的数量及其对花色品种和产品质量的要求，并据此安排食品原材料供应和生产过程的组织，避免浪费，防止产销脱节，影响客人消费需求和餐厅业务活动的正常开展。

（2）注重食品卫生，确保餐饮安全

酒店餐饮卫生的好坏，直接关系到客人的身心健康和酒店的声誉，因此餐饮部必须要严格执行食品卫生法，始终贯彻"重效益不忘卫生，工作忙不忘整

洁"的基本理念。

（3）掌握毛利率，维护供求双方利益

酒店餐饮经营的毛利率高低，直接影响餐饮部的经济效益和消费者的利益。这就要求管理人员正确执行餐饮价格政策，区别不同情况，如不同菜式、市场竞争价等，制订毛利率标准。酒店一方面要维护供求双方的利益；另一方面要扩大销售，还要在降低成本上下功夫。要定期检查毛利率执行结果，并根据市场供应关系做必要的调整。

5.3　对餐饮的生产过程进行把控

5.3.1　管理餐饮原材料采购

原材料采购，是酒店餐饮管理活动不可或缺的组成部分，是指采购人员或单位基于餐饮生产目的和要求而购买所需商品和原材料的一种行为。餐饮经理在采购活动中的职责在于要保证所购买的商品或原材料能够以合理的价格，在适当的时间，从安全可靠的渠道，按规格标准和预订数量获得，保证餐饮部门运转的正常进行。

那么，具体该如何实施自己的管理职能呢？可从以下几点入手。

5.3.1.1　明确采购目标

在不同的酒店中，采购归属工作会因酒店的管理体系、管理风格的不同而不同，有的直接由餐饮部门自己管理，而有的则划归财务部门管辖，或成立独立的采供部。然而，不管哪个部门主管，目的是一样的，作为餐饮经理必须明确这点，确保采购活动紧紧围绕餐饮部生产和经营需要进行，努力实现既定目标，达到应有的效果。

采购目标一般有以下 5 个，如表 5-1 所列。

表 5-1　采购的目标

序号	类别	具体内容
1	购买适当的物品	即购买到餐饮生产能用、适用而不致浪费或不敷使用的原料、物品
2	获得适当的数量	购进的原料、物品要满足生产的需要。数量过多,增加保管成本和负担;数量不足,增添酒店生产和服务的工作麻烦

续表

序号	类别	具体内容
3	支付适当的价格	采购原料、物品的花费要恰当,既不可太贵,为成本控制和定价销售带来困难,也不可过分便宜、经济,供货商的利益也应兼顾
4	把握适当的时间	采购进货要在适当的时间范围之内。过早进货,增加保管工作量,还有可能使原料变得不新鲜;过迟进货又会打乱正常工作秩序,甚至延误开餐,造成客人的不满
5	选择适当的供应商	适当的供应商,不仅可以减少酒店餐饮部门对原料采购沟通、联系的工作量,而且还可能给酒店带来购货以外的附加服务或积极的帮助,如送货人员协助从事原料加工工作,送货人员提供相关的信息、样品等,这些对酒店生产和菜肴创新大有裨益

5.3.1.2 确定采购方式

酒店原材料采购方式多种多样,因为原料供货市场纷繁复杂,如何满足餐饮部的需求又不至于造成浪费,需要多种采购方式并用。具体采用哪种方式,关键取决于餐饮部门的实际需求、生产规模、原料使用量以及当地原料市场的供需状况等。

酒店原材料采购方式大致有 5 种,具体如下。

(1)竞争报价采购

竞争报价采购是指采购部门先公开公布所要购买的物资,如名称、规格、数量等,然后供货单位再根据要求报价,最后,采购部门对供货单位进行评估后再决定使用哪家的商品。竞争报价采购流程如图 5-7 所示。

这种竞争报价采购多适用于采购次数频繁、需要每天进货的酒店,尤其是鲜活原料的采购,大多采用这种采购途径。

(2)归类采购

归类采购是指,将属于同一类的原料、调味品等,向同一个供货单位购买。例如,所有奶制品向某奶制品公司采购,所有绿叶蔬菜向某蔬菜种植户采购等。这样,每次只需向供货单位开出一张订单,接收一次送货,处理一张发票即可,大大节省了人力和时间。归类采购还有一个优点,即是原料归类数量增大,买卖双方大多是长期、稳定的合作,价格上有很大的优惠余地。

(3)集中采购

集中采购是很多大型酒店采用的采购方式。很多大型酒店往往会在某个地区建立采购办公室,为公司在该地区的物资采购提供相对稳固的场所。

采购部门公布所采购物资的名称、规格、标准，并通过电话联系、函告，或通过直接接触告知各有关供货单位，取得所需原料的报价(每种原料至少应取得三个以上供货单位的报价)

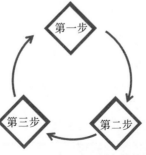

待一个周期(区别原料性质和市场行情，1周至15天不等)，再进行询价、报价，重新确定供货单位

酒店采购、财务等部门再根据市场调查的价格，选择并确定其中原料规格、数量最合适，价格最优惠，信用较好的供货单位，让其按既定价格、原料规格和每次订货的数量负责供货

图 5-7 竞争报价采购步骤

比如，餐饮部门需要某种原料，就会将所需的原料及数量上报采购办公室，办公室汇总后进行集中采购。订货以后，可根据具体情况由供货单位分别运送到各个餐饮部门，也可由采购办公室统一验收，随后再进行分送。

（4）无选择采购

很多时候会遇到这样的情况，比如，所采购的某种原料在市场上奇缺，或者仅有一家或少数几家单位供货；遇到特别高规格的宴会，需要紧急采购原料等。在这种情况下，往往需要采用无选择采购的方法，即连同订货单开出空白支票，由供货单位填写。

然而，使用此法由于采购方没有讨价还价的余地，往往很难对成本进行控制，因此只有在特殊情况下，迫不得已才使用。

（5）成本加价采购

当某种原料的价格涨跌变化较大或很难确定其合适价格时，通常采用成本加价法采购。此处的成本指批发商、零售商等供货单位的原料成本。在某些情况下，供货单位和采购部门双方都把握不住市场价格的动向，于是便采用此法。即在供货单位购入原料所花成本的基础上增加一个百分比，作为供货单位的盈利部分。

如刚上市的刀鱼、螃蟹，价格起伏较大，即可在供货商收购价格基础上加价 10% 左右，作为酒店买入价。对供货单位来说，这种方法减少了因价格骤然下降可能带来的亏损风险；对酒店来说，加价的百分比一般较小，因而也比较有利。采用此法主要困难是很难确切掌握供货单位原料的真实成本。因此，使用成本加价采购的次数不可过多。

5.3.1.3　制订、优化采购流程

采购工作既需要精准地满足餐饮部的生产要求，又需要避免造成无谓的浪费。要达到这样的效果，仅仅依赖于某种采购方式是不行的，关键是要建立一套科学、合理、符合酒店自身实际情况的采购流程。有了规范的流程，无论使用哪种采购方式都可以做到更好。

因此，对于餐饮部经理而言，制订并优化采购流程就是非常重要的工作之一。那么，该如何制订并优化采购流程呢？ 具体流程如图 5-8 所示。

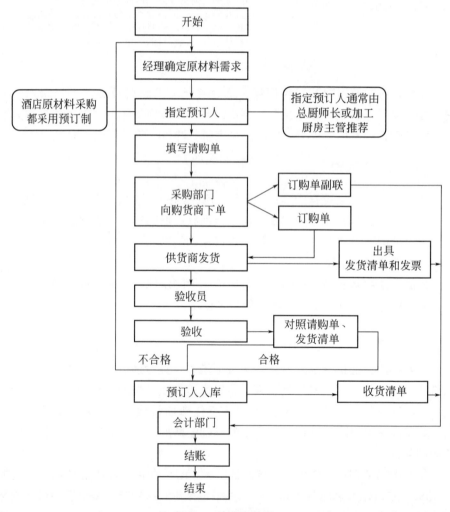

图 5-8　采购流程图

值得注意的是，在上图所示的整个环节中，验收是最主要一个环节，不可忽视，它直接关系着餐饮的质量、档次和在客人心目中的影响力。因此，餐饮部经理要严抓验收工作，专人专门负责，规范流程，责任到人。

案例 1

金陵酒店的验货组被人誉为"海关"。这当然是指严格把控验收的这个环节。验收组创建于 1988 年，为保证买进的货物符合酒店的要求，他们制订了严格的收货标准，严格把住质量、价格和数量三关。开始时只验收饮食原料，后来才渐渐扩大到验收其他物资，验收品种达到上万种。验收人员的工作不只是坐在店内等货上门，他们经常要到市场上去搞调查研究，了解行情和货源。他们一贯坚持原则，不收供货商任何形式的好处。由于他们的铁面无私，仅 1 年时间就查出 200 多笔不符合酒店标准的原材料交易，直接为酒店挽回损失 280 万多元。

从案例中可以看出，金陵酒店正是严格把控采购的验收环节，才使采购成本大幅降低，避免因采购不合格原材料而受到损失，保证了酒店的经济利益。

验收要有严格的程序，明确规定验收工作的职责和方法，使验收工作规范化。同时，按照程序进行验收，养成良好的习惯，是验收高效率的保证。

验收程序的具体做法可分为以下 5 个步骤。

① 将供货单位的送货发票与事先拿到的相应"订购单"核对。验收员首先应核对送货发票上供货单位的名称与地址，避免错收货和接收本酒店未订购的货物。其次是核对送货发票上的价格。若发票上的价格高于"订购单"上的价格，验收员要咨询送货员提价的原因，并将情况反映给采购部经理、成本控制员或餐饮部门负责人，无论退货还是不予退货，都要有餐饮部门负责人和成本控制员在"货物验收单"上签字，以表示责任。若供货单位送货时的价格低于"订购单"上的价格，验收员应请餐饮部门负责人检查食品原料的质量。若质量合格，餐饮部门负责人在"验收单"上签名，验收员可按此价接收这批原料。

② 检查食品原料质量。食品原料技师检验的依据是"食品原料采购规格标准""请购单""订购单"。若发现质量问题，如食品原料的腐烂、变色、气味怪异、袋装食品过期、水果有明显斑痕等，验收员有权当即退货。

③ 检验食品原料数量。验收员根据"订购单"对照"送货单"，通过点数、称量等方法，对所有货物的数量进行核对。

④ 在发货票上签名。所有送货应有送货发票。送货员呈现给验收员的送货发票有两联，送货员要求验收员在送货发票上签名，将第二联还给送货员以示购货单位收到了货物。第一联交给付款人员。发票上面应该有价格，验收员

要检查发票上的价格，避免产生错误，无论是有意还是无意的。

⑤ 填写验收单。验收员确定他所验收的这批餐饮原料的价格、质量、数量全部符合"订购单"或"食品原料采购规格标准"后，可填写"验收单"。

5.3.2　监督菜品的生产与制作

提起餐饮，很多时候人们会把它归到服务行业，其实，从产品的生产与制作角度来看，它何尝不是制造业。餐饮是个特殊的行业，是集产品制造和服务提供于一体的行业，而且再好的服务也是建立在一道道精良的菜品制作基础上的。因此，要想做好酒店餐饮，首先必须要做好菜品的生产与制作。

5.3.2.1　对厨房进行科学设置

对于任何企业来讲，只有高质量的产品才能吸引消费者的持续消费。就酒店而言，产品就是一道道菜，如果向客人提供的饭菜没有特色，无法令客人满意，整个酒店也就失去了生存与发展的基础。

案例 2

以菜品取胜的典型案例就是雕爷牛腩。雕爷牛腩是"互联网＋餐饮"的标杆企业。创始人雕爷在创立这家企业之初，只有12道菜，经营面积不大，装潢也很简单，并不那么高端大气上档次。菜品的配方是花500万从香港食神戴龙"食神牛腩"买来的，引进内地后，进一步改良，将牛腩作为主菜全力打造，并丰富菜品类型。

雕爷牛腩的最大成功并不只在于配方的神秘，还在于围绕菜品的高质量服务，总能带给食客不一样的体验。比如，始终坚持菜品"一月一小换一季一大换"的原则。为食客提供免费茶水，且男女有别。为男性食客提供的是西湖龙井、冻顶乌龙、茉莉香片、云南普洱，味道从清到重，颜色从淡到浓，工艺从不发酵、半发酵到全发酵。为女性食客提供的是洛神玫瑰、薰衣草红茶、洋甘菊金莲花，这些茶则有美目、纤体和排毒之功效。这些措施不但可吸引新食客，而且大大留住了回头客。

雕爷认为，一家好餐厅的精髓不在于菜品数的多少，而在于产品的精良和用户体验的不断优化。这正是雕爷征战互联网界多年领会到的精髓——不追求过多的 SKU（Stock Keeping Unit 的缩写，指库存量单位），但追求极致的用户体验，这种极致精神用在餐饮上也非常有用。那么，作为综合经营的酒店，尽管无法将时间和精力全部用在餐饮这一方面，但绝对不可忽视它的作用。作为酒店经理一定要重视起餐饮业务这块，并着重在菜品的生产和创新上下功夫。

以大型酒店为例，菜品不但要精，更要全，有中餐、也要有西餐。中餐又可分为粤菜、鲁菜、川菜等地方名菜，西餐又可分为法国菜、意大利菜、俄罗斯菜等。

厨房是菜品生产与制作的重要输出部门，然而，厨房又是一个集合概念，就其规模、餐别、功能的不同，划分也不同。对于酒店经理而言，要善于根据酒店实际情况，划分和设置合适的厨房，为菜品的生产与制作提供保障。

（1）按规模划分

厨房的种类按照规模划分可分为大型厨房、中型厨房、小型厨房和超小型厨房。

1）大型厨房

指生产规模大、能提供众多客人同时用餐的生产场所。综合型酒店一般为客房在 500 间以上、经营餐位在 1500 个以上的酒店，大多设有大型厨房。这种大型厨房，是由多个不同功能的厨房组合而成的，各厨房分工明确，协调一致，承担酒店大规模的餐饮产品生产工作。这样的厨房场地开阔，大多集中设计，统一管理。经营数种风味的大型厨房，多需要分类设计，细分管理，统筹经营。

2）中型厨房

指能同时生产、提供 300 ~ 500 个餐位给客人用餐的厨房。中型厨房场地面积较大，大多将加工、生产等集中设计，综合布局。

3）小型厨房

多指生产、服务 200 ~ 300 个餐位甚至更少餐位客人用餐的场所。小型厨房，多将厨房各工种、岗位集中设计，综合布局，占用场地面积相对节省，风味比较专一。

4）超小型厨房

指生产功能单一，服务能力十分有限的烹饪场所。比如在餐厅设置、面对客人现场烹饪的明档。宾馆、酒店豪华套间或总统套间内的小厨房，商务行政楼层内的小厨房，公寓式酒店内的小厨房等也属于这种超小型厨房。

（2）按生产功能划分

厨房的种类按照生产功能划分可分为加工厨房、宴会厨房、零点厨房、冷菜厨房、面点厨房、快餐厨房。厨房生产功能，即厨房主要从事的工作或承担的任务，是与相对应的餐厅功能和厨房总体工作分工相吻合的。

1）加工厨房

加工厨房是对各类鲜活烹饪原料进行初加工（宰杀、去毛、洗涤）、对干货原料进行涨发、对原料进行刀工处理和适当保存工作的场所。加工厨房在国内外一些酒店中又称为主厨房，负责餐饮部门内各烹调厨房所需烹饪原料的加工。在特大型餐饮企业或连锁、集团餐饮企业里，加工厨房有时又被切配中心取代。

由于加工厨房每天的工作量较大，进出货物较多，垃圾和用水量也较多，因而许多餐饮部门都将其设置在建筑物的底层等出入便利、易于排污和较为隐蔽的地方。

2）宴会厨房

宴会厨房是指为宴会厅服务的、主要烹制宴会菜肴的场所。大多数餐饮部门为保证宴会规格和档次，专门设置此类厨房。设有多功能厅的餐饮部门，宴会厨房大多同时负责各类大、小宴会厅和多功能厅的烹饪工作。

3）零点厨房

零点厨房是专门生产烹制客人临时、零散点用菜点的场所。零点餐厅是给客人自行选择、点餐的餐厅，故列入菜单经营的菜点品种较多。厨房准备工作量大，开餐期间亦很繁忙。其设计多有足够的设备和场地，以便于制作。

4）冷菜厨房

冷菜厨房又称冷菜间，是制作冷菜的场所。冷菜制作程序与热菜不同，一般多为先加工烹制，再切配装盘，故冷菜间的设计在卫生和整个工作环境温度等方面有更加严格的要求。冷菜厨房还可分为冷菜烹调制作厨房（如加工卤水、烧烤或腌制、烫拌冷菜等）和冷菜装盘厨房，后者主要用于成品冷菜的装盘与发放。

5）面点厨房

面点厨房是加工制作面食、点心及饭粥类食品的场所。中餐又称其为点心间，西餐多叫包饼房。由于生产用料的特殊性，面点制作与菜肴制作有明显不同，故又将面点生产称为白案，菜肴生产称为红案。各餐饮部门分工不同，面点厨房的生产任务也不尽一致。有的面点厨房还承担巧克力小饼和其他甜品的制作。

6）快餐厨房

快餐厨房是加工制作快餐食品的场所。快餐食品是相对于餐厅经营的正餐或宴会大餐食品而言的。快餐厨房，大多配备炒炉、油炸锅等便于快速烹调的设备，成品大多较简单、经济，生产流程畅达和生产节奏快是其显著特征。

5.3.2.2　厨房常见的格局类型

厨房作业间布局的类型一般是依据厨房结构、面积、高度以及设备的具体规格进行的，但无论如何布局也必须遵循4个基本的类型，即直线型、L型、相背型、U 型，如图 5-9～图 5-12 所示。

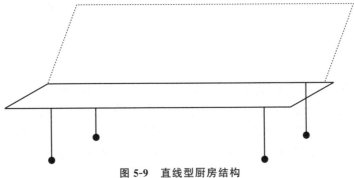

图 5-9　直线型厨房结构

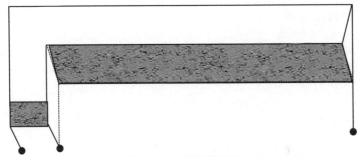

图 5-10　L 型厨房结构

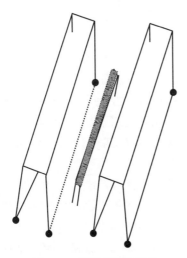

图 5-11　相背型厨房结构

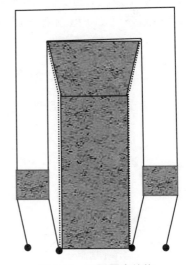

图 5-12　U 型厨房结构

（1）直线型结构

指所有的炉灶、炸锅、烤箱等加热设备均作直线型布局。通常是依墙排列置于一个长方形的通风排气罩下，集中布局加热设备，集中吸排油烟，每位厨师按分工相对固定地负责某些菜肴的烹调熟制，所需设备工具均分布在附近。这种适用于高度分工合作、场地面积较大、相对集中的大型酒店的厨房。

（2）L型结构

通常将设备沿墙设置成一个犄角形，把煤气灶、烤炉、扒炉、烤板、炸锅、炒锅等常用设备组合在一边，把另一些较大的设备组合在另一边，两边相连成一犄角，集中加热排烟。当厨房面积和厨房建筑结构不利于做直线型布局时，往往采用L型布局。这种布局方式在一般酒楼厨房或饼房、面点房得到广泛应用。

（3）相背型结构

把主要烹调设备，如烹炒设备和蒸煮设备，分别以两组的方式背靠背地组合在厨房内，中间以一矮墙相隔，置于同一抽排油烟罩下，厨师相对而站进行操作。

（4）U型结构

将工作台、冰柜以及加热设备沿四周摆放，留一出口供人员、原料进出，菜品可从窗口接递。当厨房面积较小时，可采用此布局，如面点房、冷菜房、火锅原料准备间。U型厨房布局可以充分利用现有的工作空间，提高工作效率。

5.3.2.3 厨房的空间布局原则

厨房确定生产各部门所处位置的区域，用以放置生产所需的设备、用具，供厨师合理地操作。一般来讲，餐饮生产场所要有四个区域，如图5-13所示。

图5-13 餐饮生产场所的4个区域

然而，酒店餐饮生产场所安排与布局是有要求的，必须根据餐饮生产的特点、场所面积、空间特点和厨师人数等综合考量，以最大限度地保证工作质量，提升工作效率为原则。

（1）保证工作流程畅通、连续，避免回流现象

酒店餐饮生产场所的布局首要原则是要便于生产操作，保证各个环节的工

作形成流水作业。如任何厨房的生产都是"收货处→加工台→砧板台→配菜台→炉灶台→传菜台"的流动过程。不能颠倒流程的次序，否则必将造成工作中的混乱。同时，应该设计最方便、路程最短的工作线路。

比如，砧板与炉灶最好是直线距离，冷菜间的传菜窗口直接可以到达餐厅等。还应该设计员工、货物各自专用的进出通道，避免员工与货物、设备发生碰撞而引发危险，进而造成工作效率的低下。

（2）充分考虑不同工作人员的人体特点

厨房工作人员是厨房生产过程中的主力军，在餐饮场所安排的时候，如何充分考虑工作人员的自身实际非常重要。在场所安排布局时，要充分考虑到工作人员的特点，要从人体工程学角度考虑，要让员工能在最适宜的环境下工作，这是保证员工工作效率的一种途径。

比如，从人体的特点来看，一个人所需要的作业面积大约是长 1.5 米、宽0.5 米的范围，如果要有倾斜动作，那么他所需要的作业面积大约是长 1.7米、宽 0.8 米的范围。再比如，安排工作台之间的距离，如果作为通道，两工作台之间宽度应该不少于 1.2 米，而员工工作中心宽度应在 2.74～3.05 米之间。对标准身高的员工来说，工作台高度应为 0.85 米为佳，过高或过低只能带给员工更多的疲劳。充分认识这些数据，对于管理者安排厨房空间是很有帮助的。

此外，在厨房的设计中，应该考虑厨房的空间要留有一定的发展余地。要根据厨房自身的特点，合理安排设备和投入资金。从厨房生产的长远规划和餐饮的发展趋势来看，这是十分必要和应该的。

（3）尽量安排在比较集中的空间

为了节省时间，提高工作效率，酒店餐饮生产的厨房各部门应在餐厅周围，或在同一楼层，并力求靠近餐厅，便于每个环节的顺利进行。同时，各作业点安排要紧凑且科学合理，才能充分利用空间，提高工作效率与效能。

5.3.3　控制餐饮价格

餐饮是一个浪费率奇高的行业，大量的浪费和低效的利用是导致经营不善、经济效益下滑的主要原因。因此，对于酒店经理来讲，做好餐饮的成本控制和价格管理非常重要。

5.3.3.1　餐饮产品的价格管理

餐饮产品价格是客人为了满足饮食需要而购买餐饮产品所需支付的金额，是餐饮产品价值的货币表现形式。它是餐饮产品价值、餐饮市场的供求和一个国家或地区的币值三者变化的综合反映。

那么，什么构成餐饮产品价格？通常由餐饮成本和盈利两部分构成，如图 5-14 所示。

餐饮成本
指生产费用，包括生产餐饮产品时用于原料价值、设施设备、餐饮用品和水电燃料等物质的耗费，以及餐饮从业人员提供餐饮服务的劳动补偿部分

餐饮产品价格

餐饮盈利
指餐饮从业人员新创造的价值部分，它包括向政府交纳的税金、贷款利息、保险费用和餐饮产品经营的盈利等

图 5-14　餐饮产品价格的构成

产品自身的价值

市场需求　　　　竞争环境

1　　2　　3

影响餐饮价格的要素

图 5-15　影响餐饮价格的要素

价格是市场经济运行中最活跃的因素，直接影响生产者、经营者、消费者的利益。对于酒店来说价格决定了其利润，赚钱的多少直接与价格相关，成本既定的情况下，价格高获利就多，价格低获利就少。对于消费者来说价格同样重要，因为价格直接决定了消费者的支出。那么，影响产品价格的因素有哪些？作为酒店经理，为了更好地制订产品价格，首先必须了解产品价格的影响因素。这些要素有 3 个，如图 5-15 所示。

（1）市场需求

市场经济发展规律告诉我们，当供大于求时，产品过剩，当供小于求时，产品紧缺。同样，餐饮产品也是，当产品供大于求时，经营者就不得不以较低的价格处理过剩的存货，于是便会出现货多不值钱的现象，形成买方市场。当某种餐饮产品供不应求时,产品短缺,买方不得不接受较高的价格以满足自身的需要,于是出现物以稀为贵的现象,形成卖方市场。

酒店餐饮同样要迎合市场需求。例如,川菜、湘菜等菜系以辣为主,到了东北以后就必须将麻辣或干辣的程度减小,一味保持原来辣味的菜品很难受到东北人的喜欢,没有了市场,价格自然会下跌。由此可见,餐饮产品的价格也在一定程度上决定于人们的需求,没有需求,再有价值的餐饮产品也不会有市场。

(2)产品自身的价值

市场经济中,价值决定价格,价值是价格的基础,价格是价值的货币表现。在其他条件不变的情况下,商品的价值量越大,价格越高;商品的价值量越小,价格越低。这一基本理论也适用于酒店的餐饮产品,也就是说餐饮产品的价格是由餐饮产品的自身价值决定的,是由生产餐饮产品的社会必要劳动时间决定的。

所谓社会必要劳动时间,是指在现有社会正常的生产条件下,社会平均的劳动熟练程度和劳动强度下制造某种使用价值所需要的劳动时间。社会必要劳动时间不同,餐饮产品的价值不一样,其价格也应当有差异。合理的餐饮产品价格反映餐饮产品对客人的吸引程度,吸引力强的餐饮产品,蕴含有大量的物化劳动,应当收取较高的价格。

(3)竞争环境

市场经济条件下,通过产品的供给者之间、需求者之间、供给者与需求者之间的竞争决定市场成交价格。供给者之间竞争的结果,使市场成交价格在较低的价位上实现;需求者之间竞争的结果,使市场成交价格在较高的价位上实现。此原理也适用于餐饮产品。因此,当餐饮产品供过于求时,餐饮产品价格只能体现酒店经营者的生存目标即较低的交易价格;当餐饮产品供不应求时,餐饮产品价格可以体现酒店经营者的利润最大化目标,从而体现较高的交易价格,但不能超过餐饮需求的价格。

例如,在同一条街道上,只有一家提供早餐的门店,自然生意会较好,而且价格会随着客人的增多而上涨。但是,要是有很多的早餐店,而且提供的食品都是一样的,没有特色或差异化,自然价格就会走低,因为这些诸多的早餐店之间形成了较大的竞争。

5.3.3.2 餐饮产品价格制订策略

对于酒店餐饮经理来讲,做好餐饮产品价格管理,最核心的还是掌握价格的制订策略。

制订餐饮产品价格策略包括 3 个，分别为新产品定价策略、心理定价策略和折扣定价策略，如图 5-16 所示。

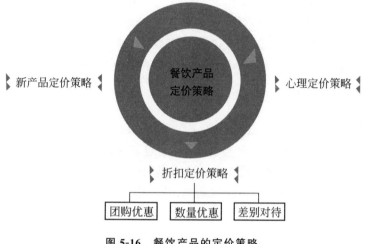

图 5-16　餐饮产品的定价策略

（1）新产品定价策略

当酒店推出新的产品时，可以根据酒店最终的目的来制订新产品价格。一般来说，如果酒店经营者想在短时间内追求最大利润，或者推出的餐饮产品有明显的优势或特色时，可以采用撇脂定价策略，也就是高价策略。当酒店经营者想新产品迅速地被消费者接受，企图迅速打开和扩大市场，尽早在市场上取得领先地位时，可以采用市场价格渗透策略，也就是低价策略。此策略用于产品竞争大、容易模仿，而且目标客人需求、价格弹性大的新餐饮产品。

（2）心理定价策略

心理定价策略就是指餐饮产品在定价时运用心理学原理，根据不同客人的心理需求来进行定价，通过满足其心理需求来诱导其购买的策略。餐饮产品心理定价策略，主要有以下 3 种表现。

对追求餐饮享受的客人，他们认为价格反映产品质量和服务质量，不计较花钱多少，价格越高，越能反映产品质量，提高自己的声望。因而，餐饮价格应尽量从高。

但大多数客人仍是对产品的价格比较敏感，这时可采用奇数订价法，最常见的做法是在价格的末尾出现 5 和 9，比如，25 元、39 元、99.9 元等。经济型级餐厅的菜肴价格尾数常是 9，在一些档次较高的餐厅，经常出现 5。值得注意的是，一般不宜出现 1、3、7 等数字。

对有一定声望的酒店，一些高质量的产品，可采用偶数订价法。例如，19.8 元、28 元、88 元等，这些价格会使客人感觉比 20 元、30 元、100 元要便宜许多。同样，需要注意的是，一般不宜出现 2、4、6 等数字。

（3）折扣定价策略

折扣定价策略就是指在基本价格的基础上，基于客人早付款、多数量的订购或淡季采购等原因，而给予客人一定的价格让步。该策略通过把一部分利益转让给购买者，从而鼓励客人大量购买或提早付款。一般采用比较多的有以下 3 种形式，如图 5-17 所示。

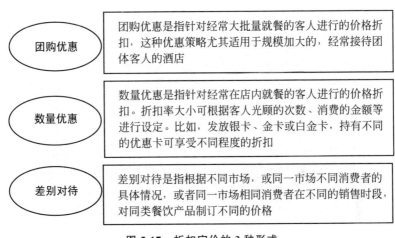

团购优惠　团购优惠是指针对经常大批量就餐的客人进行的价格折扣，这种优惠策略尤其适用于规模加大的，经常接待团体客人的酒店

数量优惠　数量优惠是指针对经常在店内就餐的客人进行的价格折扣。折扣率大小可根据客人光顾的次数、消费的金额等进行设定。比如，发放银卡、金卡或白金卡，持有不同的优惠卡可享受不同程度的折扣

差别对待　差别对待是指根据不同市场，或同一市场不同消费者的具体情况，或者同一市场相同消费者在不同的销售时段，对同类餐饮产品制订不同的价格

图 5-17　折扣定价的 3 种形式

5.3.3.3　餐饮产品价格制订的方法

（1）以成本为导向的定价方法

成本导向定价法是以餐饮部门的成本为基础来制订餐饮产品价格的方法，成本加上餐饮部门的盈利就是餐饮产品的价格。成本导向定价法具体又分为以下两种。一种是成本加利润定价法，即按成本加预期的利润而制订的价格。这种定价体现了以餐饮产品价值为基础来定价的原则，是基本的、普遍的，也是最简单的定价方法。另一种是目标收益率定价法，即先制订一个目标收益率，作为核定价格的标准，然后根据目标收益率计算出目标利润率，再计算出目标利润额。这种方法是将利润看作餐饮产品成本的一部分来定价。

（2）以需求为导向的定价方法

需求导向定价法就是根据客人对餐饮产品的需求程度、需求特点和消费者

对餐饮产品价值的认识和理解程度来制订价格，需求强度大时定高价，需求强度小时定低价。这是因为客人对餐饮产品需求的大小是酒店发展的前提条件，如果没有客源，没有需求，酒店不仅不能发展，而且不能生存。因此，餐饮产品定价必须关注客人需求。同时，客人愿意支付的价格高低不仅取决于餐饮产品本身有无价值和价值的大小，而且取决于客人对餐饮产品的主观感受和评价。因此，分析客人对餐饮产品价值的认识和理解状况，把握客人需求强度，据此进行餐饮产品价格的制订，就成为餐饮产品定价方法的一个重要类别。需求导向定价法又可以分为价值定价法与需求定价法，具体如图5-18所示。

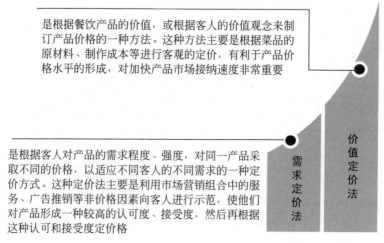

是根据餐饮产品的价值，或根据客人的价值观念来制订产品价格的一种方法。这种方法主要是根据菜品的原材料、制作成本等进行客观的定价，有利于产品价格水平的形成，对加快产品市场接纳速度非常重要

是根据客人对产品的需求程度、强度，对同一产品采取不同的价格，以适应不同客人的不同需求的一种定价方式。这种定价法主要是利用市场营销组合中的服务、广告推销等非价格因素向客人进行示范，使他们对产品形成一种较高的认可度、接受度，然后再根据这种认可和接受度定价

价值定价法

需求定价法

图5-18　需求导向定价法的两种类型

（3）以竞争为导向的定价方法

竞争导向定价法是指酒店餐饮部门在市场竞争中为求得生存和发展，参照市场上竞争对手的价格来制订餐饮价格的定价方法。市场经济是竞争经济，酒店不可避免地要遇到各种竞争因素。不同的酒店由于主客观条件的不同，因此所要考虑的竞争程度也不同。以竞争导向定价，就是为了避免竞争的直接冲突，其着眼点在竞争对手的价格上，而不管本身价格与成本及需求的变化。竞争导向定价法又可以分为竞争参照定价法和随行就市法。

1）竞争参照定价法

竞争参照定价法是指酒店在制订价格时，对照竞争价格，并以此为基础确定本酒店价格的方法。这一价格可以与竞争对手的价格相同，也可以低于或高于竞争对手的价格。酒店经营者采取此类方法时，必须深入研究市场，充分分析竞争对手，否则很可能制订出不合理的价格。

2）随行就市法

随行就市法又称为流行水准定价法。这是以竞争为中心的定价法中被广泛接受的最简单的一种方法，酒店的产品价格保持与同行业平均价格水平一致。这种定价方法容易与同行业和平相处，保持友好的关系，避免激烈的竞争。

5.3.3.4　餐饮产品价格调整的方法

（1）新增毛利率法

酒店部分餐饮产品原先质量一般，经过技术培训，产品质量迅速提高，加工过程更为复杂，客人喜爱程度迅速提高，这时原定产品毛利率偏低，就需要对价格进行调整。

（2）成本变动法

成本变动法以餐饮产品成本变动为基础来调整价格，它主要适用部分时令产品、季节产品和因市场价变动而引起食品原材料进价成本变动带来的产品价格调整。

（3）喜爱程度法

喜爱程度法是一种非常形象的说法，是指根据客人对产品喜爱程度的调研，在调研结果基础上根据喜爱程度进行定价的一种方法。越受青睐的产品，定价通常越高。

（4）对比分析法

有对比才能做出客观的评价，对比分析方法就是将两个或两个以上的产品进行综合比较，分析得出孰优孰劣，而后根据优劣势进行定价的一种方法。不过，这种比较不能盲目进行，通常在两个或多个相互联系的指标之间进行比较。

5.3.4　完善餐饮服务

5.3.4.1　明确餐饮服务管理的内容

服务质量是酒店的生命，是酒店发展永恒的主题，也是餐饮部门核心竞争力的基础。餐饮部门提供的产品以服务为主，餐饮管理的根本是服务管理。随着酒店业的竞争日益激烈，餐饮部门正面临着各种各样的挑战，市场需求和消费者需求的不断变化，都在提醒着餐饮部门经营管理者必须提升服务质量。提供高品质的服务也成为餐饮部门最普遍和最紧迫的挑战之一。

那么，什么是餐饮服务呢？所谓的餐饮服务是指餐饮部门为客人提供食品、酒水饮料和一系列劳务服务行为的总和。好的餐饮服务，要能够在使用价值上适合和满足客人的物质需要和心理需要。适合是指餐饮部门为客人提供的服务的使用价值能为客人所接受和喜爱；满足是指该使用价值能为客人带来身心的愉悦和享受。

案例 3

晚上 10：30 左右，餐厅走进来 3 位客人想吃饭。由于已经这么晚了，复杂点的饭菜餐厅也没法做了，晚上吃多了也不利于消化。想到这儿服务员对客人说："10 点多了，过会儿就该休息了，给您上点易消化的可以吗？每人吃上一碗面，外加几个可口的小菜，您看可以吗？""可以，太好了。"客人满意地说。接着客人又说："还以为这么晚了得不让我们吃了，想来试试，不成再出去呢。""怎么可能不让您吃，您来了我们就得尽力做到让您满意。"服务员回应着客人。

十分钟过后，饭菜上齐。服务员从客人的交谈中得知，这三位客人是来当地看病人的，不知道去医院怎么走，他们是开车过来的。于是服务员详细地给客人介绍了去医院的路线，还简单地画了张小图给客人，并且画上了回酒店的路线。

服务员耐心细致的服务得到了客人的好评，客人临走时直夸酒店服务热情、周到，服务员的素质高，还说"下次来我还住你们酒店"。

在这个案例中，服务员用自己对宾客心理的把握，巧妙地解决了酒店正常供餐时间之外的临时就餐的情况，既避免了拒绝客人的情况，还让客人吃上了经济可口的夜宵，同时也缓解了后厨的工作压力。另外，在此案例中通过为客人引路这一环节，可见服务员的用心，为宾客着想，解宾客之需，这也是我们在服务工作中所倡导的一种工作境界。最终，服务员得到了宾客的肯定和表扬，并为酒店招来了回头客。

这也说明，餐饮服务是多方面的，包含有形产品和无形产品。比如，向客人提供有形的食物产品（食品、酒水），也包括向客人提供的无形服务。具体可分为 4 个方面，如图 5-19 所示。

（1）菜肴酒水提供

菜肴酒水是有形产品质量的重要构成内容之一，酒店餐饮部门必须认识到这部分实物性服务在客人心目中的重要性。不仅要满足宾客最基本的生理需

图 5-19　餐饮服务管理内容

要，还应该从其色、香、味、形、器、意及营养等方面，使宾客得到多方面的享受。

客房用品指餐饮服务过程中直接供客人消费的各种生活用品，包括一次消耗用品、多次性消耗用品。要求客房用品数量要充足，供应要及时且安全卫生。客房用品质量是提高劳动效率，提供优质服务的必要条件。要求品种齐全、数量充足、性能优良、使用方便、安全卫生。

（2）餐厅设施条件

餐厅的设备设施须齐全、先进、方便、舒适，能够满足客人物质享受和精神享受的需要，这是提高餐饮服务质量的物质基础和硬件要求，也是其基础条件。

一是客用设备设施，是指直接供宾客使用的设施设备，也称前台设施设备，如酒吧、餐厅的各种设施设备。它要求做到设置科学，结构合理；配套齐全，舒适美观；操作简单，使用安全；完好无损，性能良好。

二是供应用设备设施，是指酒店经营管理所需的生产性设施设备等，也称后台设施设备，如厨房设施设备等。它要求做到安全运行，保证供应。餐饮部门只有科学配置，保证设施设备的完好运转才能为优质服务提供保障。

（3）餐饮就餐环境

良好的就餐环境将使宾客得到感官上的享受和心理上的满足。要求整洁、美观、舒适、优雅和安全，主要包括餐厅建筑独具特色，服务设施和服务场所的布局合理并便于到达，装饰风格要充满情趣并充分体现出带有鲜明个性的文化品位，餐饮部门各岗位的环境整洁，服务员仪表端庄大方，服务人员的个人卫生条件过硬等。这种视觉和听觉印象对客人的情绪影响很大，客人往往把这种感受作为评价餐饮部门服务质量优劣的依据，它影响着客人是否再次来酒店就餐。

因此，餐饮部门要十分注意环境的布局和气氛的烘托，让宾客感到舒适、愉快、安全、方便。同时，要制订严格的卫生标准，并落实到岗位、个人，要指定规范的卫生工作程序并加强监督检查，使卫生工作做到制度化、标准化。

（4）餐饮服务水平

酒店餐饮服务水平主要体现在服务人员礼节礼貌、服务态度、服务技能、服务效率和清洁卫生等方面，具体概括为以下 3 方面内容，如表 5-2 所列。

表 5-2　餐饮服务水平包含的内容

熟练的服务技能	客人到酒店用餐是来享受服务的，娴熟的服务技能，恰到好处的服务技巧，使服务更能令客人满意，提升了服务的价值。每一位员工都要经常进行培训，掌握过硬的服务技能，不断提高服务质量
快捷的服务效率	服务效率的高低成为衡量餐饮管理水平、服务质量的重要标志。麦当劳快餐连锁店做过调查，客人能耐心等待服务的时间只有 37 秒，之后就会逐渐失去耐心。长时间的等待会造成客人极大不满。为解决这一问题，许多餐饮服务的规范中都加入了时间标准，如第一道热菜要 1 分钟之内上桌，客房送餐时间不超过 20 分钟等
不断创新的服务	创新对一个企业来讲意味着生命力，意味着发展和成功。随着人们经济生活水平的日益提高和价值观念的变化，对餐饮服务的要求也越来越高，餐饮服务要满足客人的需求就要不断变革、改进、创新和发展提高，停滞不前就是退步

5.3.4.2　分析与评估餐饮服务质量

餐饮服务质量分析与评估是管理的前提，要想对餐饮服务进行完善而科学的管理，首先必须对当前的服务进行分析与评估。所谓餐饮服务质量分析与评估是指通过科学的分析方法，对本酒店餐饮服务范围内的所有对象进行调查、考核和分析的一个过程。

在这个过程中，有两点需要搞清楚，一个是明确考核对象，另一个是选择正确的考核方法。这两点是保障分析与评估结果和客观实际相符，全面反映服务质量情况最基本的条件。

（1）分析与评估对象

餐饮服务质量分析与评估的对象包括 3 个方面，如图 5-20 所示。

（2）分析与评估方法

在明确分析对象的基础上，还需要采用科学的分析方法。对服务质量的分析采取的方法有很多，用得最多的有排列分析图、圆形分析图、因果分析图和 PDCA 管理循环。

服务现状

本酒店餐饮服务水平所处的位置，所处的档次，以及潜力有多大，与本市、本地区、国内餐饮服务水平相比较有多大的差距

服务稳定性

服务稳定性包括餐饮服务各环节、各工序协调方面的稳定，相互之间质量水平的稳定，服务水平在时间上的持续性(未发生明显波动)

服务过程中存在的问题

找出服务过程中存在的问题及产生的原因，从而采取有针对性的解决问题的措施与方法，以保证同类质量问题不再发生

图 5-20　餐饮服务质量分析与评估的对象

1）排列分析图

排列分析图又称 ABC 分析法，是指以图表形式把许多餐饮质量问题或造成质量问题的因素一一排列出来，并表示出各项问题的累计百分比。

排列分析图能直观地反映出存在哪些质量问题及主要质量问题是什么，同时寻找解决质量问题的主攻方向，其步骤具体有 4 个，分别如下。

第一步：收集服务质量问题信息。

包括宾客调查与员工调查结果、宾客投诉记录、质量管理例会的回忆记录、服务操作提供情况记录、质量检查及评比所形成的各种资料等。

第二步：分类、统计、制作服务质量问题统计表。

将收集到的质量信息进行合理分类是应用排列图最关键的步骤。然后分别计算出各类问题的频数、累计频数、频率、累计频率，再将各类问题按频率从大到小排列，制作出统计表。

第三步：绘制排列图。

根据统计数据，按一定的比例画出两个纵坐标和一个横坐标。两个纵坐标分别表示频数与累计频率。横坐标表示影响服务质量的各类问题。在横坐标上按各类问题的频率值，从大到小、由左到右排列好，然后按累计频率的坐标点绘出一条曲线。

第四步：分析排列图，找出主要问题。

排列图上将累计频率为 0% ~ 70% 的问题视为 A 类问题，即主要问题；在 70% ~ 90% 的问题视为 B 类问题，即次要问题；在 90% ~ 100% 的问题视为 C 类问题，即一般问题。

2）圆形分析图

通过计算服务质量信息中有关数据的构成比例，以图示的方法表示存在的质量问题。其步骤具体有4个，分别如下。

第一步：收集质量问题信息。

通过质量记录收集质量问题信息。

第二步：信息的汇总、分类和计算。

将收集到的质量问题信息进行汇总、分类，并计算每类质量问题的构成比例。

第三步：画出圆形图。

先画一个大小适宜的圆形，并在圆心周围画一个小圆圈（内填分析项目）；然后从最高点开始，按顺时针方向，根据问题种类及其构成比例分割圆形，并用直线与小圆相连；最后填入相应的问题种类及构成比例。

3）因果分析图

因果分析图又称鱼刺图或树枝图。对存在的质量问题及其产生的原因进行分析，并用带箭头的线明确地表示两者之间的因果关系，找出要分析的主要质量问题，寻找主要质量问题产生的原因，根据整理结果，画出因果图。

4）PDCA 管理循环

PDCA 管理循环是按计划（Plan）、实施（Do）、检查（Check）、处理（Act）四个阶段进行，并反复循环进行的一种管理方法。PDCA 管理循环的工作流程如下。

第一个阶段：计划阶段。

其内容包括分析服务质量现状，用排列图或原型图找出存在的质量问题，并确定需要解决的主要服务质量问题；用因果图分析产生质量问题的原因，找出影响质量问题的主要原因；运用头脑风暴法制订解决质量问题的具体措施和跟进计划，计划要明确具体，切实可行。

第二个阶段：实施阶段。

餐饮部门员工认真执行计划内容，同时做好各种原始记录，及时反馈实施计划过程中出现的各种情况。

第三个阶段：检查阶段。

餐饮管理者检查计划的实施情况，并与计划目标进行对比分析，从中发现存在的质量偏差。

第四个阶段：处理阶段。

总结成功的管理经验，使之标准化，或编入服务规程、形成管理制度，使质量改进的成果得到巩固和扩大。同时，吸取失败的教训，提出本轮 PDCA 循环悬而未决的问题，并把它作为制订新的质量改进方法的依据，转到下一循环的第一阶段，并开始新一轮的 PDCA 循环管理。

PDCA 循环的四个阶段缺一不可，而且需要不断地循环下去。每完成一个循环，管理水平就提高一步。每次循环都要有新目标和新内容，质量问题才能不断得到解决，最终趋于零缺点。

5.3.4.3 监督和控制餐饮服务质量

对餐饮服务进行分析与评估目的是提高服务质量，但具体该如何做呢？换句话说，该如何对待分析和评估出来的结果呢？ 结果是"死"的，无法有效地运用于实践，其作用也无法发挥出来。这时就需要对结果的运用进行监督和控制，这是搞好酒店餐饮管理工作的一大法宝。

（1）餐饮服务质量监督与控制内容

表 5-3　餐饮服务质量监督与控制内容

编号	内容
1	制订并负责执行各项管理制度和岗位规范。抓好礼貌待客、优质服务教育，实现服务质量标准化、规范化和程序化
2	通过反馈系统了解服务质量情况，及时总结工作中的正反典型事例并及时处理投诉
3	组织调查研究，提出改进和提高服务质量的建议、方案、措施，促进餐饮服务质量和经营管理水平的提高
4	分析管理工作中的薄弱环节，改革规章制度，整顿纪律，纠正不正之风
5	组织定期或不定期的现场检查，开展评比和优质服务竞赛活动

（2）餐饮服务质量监督与控制方法

根据现代全面质量管理的基本原理，结合餐饮服务的 3 个阶段（准备阶段、执行阶段和结果阶段），餐饮服务质量控制可相应地分为预先控制、现场控制和反馈控制。

1）预先控制

所谓预先控制，就是为使服务结果达到预定的目标，在开餐前所做的一切管理上的努力。预先控制，目的是使开餐服务中所使用的各种资源在质和量上不产生偏差。具体控制方法如图 5-21 所示。

2）现场控制

所谓现场控制是指现场监督正在进行的餐饮服务，使其规范化、程序化，并迅速妥善地处理意外事件。餐饮服务质量的现场控制是餐饮服务的主要职责之一。餐饮部门经理也应将现场控制作为管理工作的重要内容。具体控制方法如图 5-22 所示。

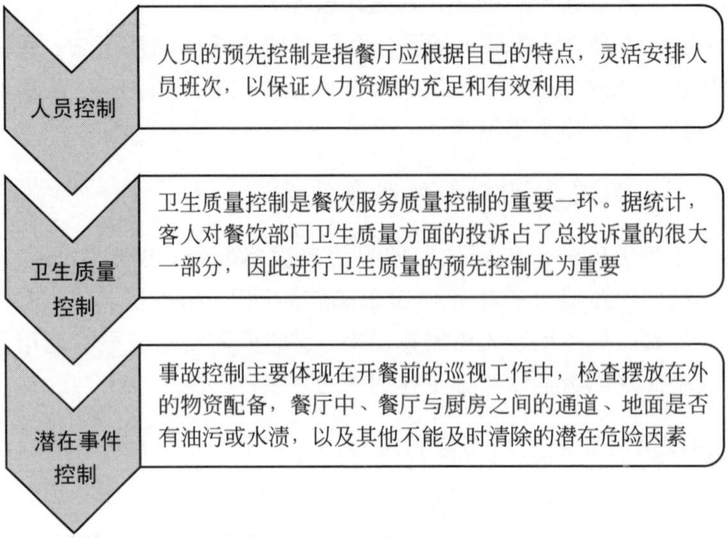

| 人员控制 | 人员的预先控制是指餐厅应根据自己的特点，灵活安排人员班次，以保证人力资源的充足和有效利用 |

| 卫生质量控制 | 卫生质量控制是餐饮服务质量控制的重要一环。据统计，客人对餐饮部门卫生质量方面的投诉占了总投诉量的很大一部分，因此进行卫生质量的预先控制尤为重要 |

| 潜在事件控制 | 事故控制主要体现在开餐前的巡视工作中，检查摆放在外的物资配备，餐厅中、餐厅与厨房之间的通道、地面是否有油污或水渍，以及其他不能及时清除的潜在危险因素 |

图 5-21　预先控制方法详解

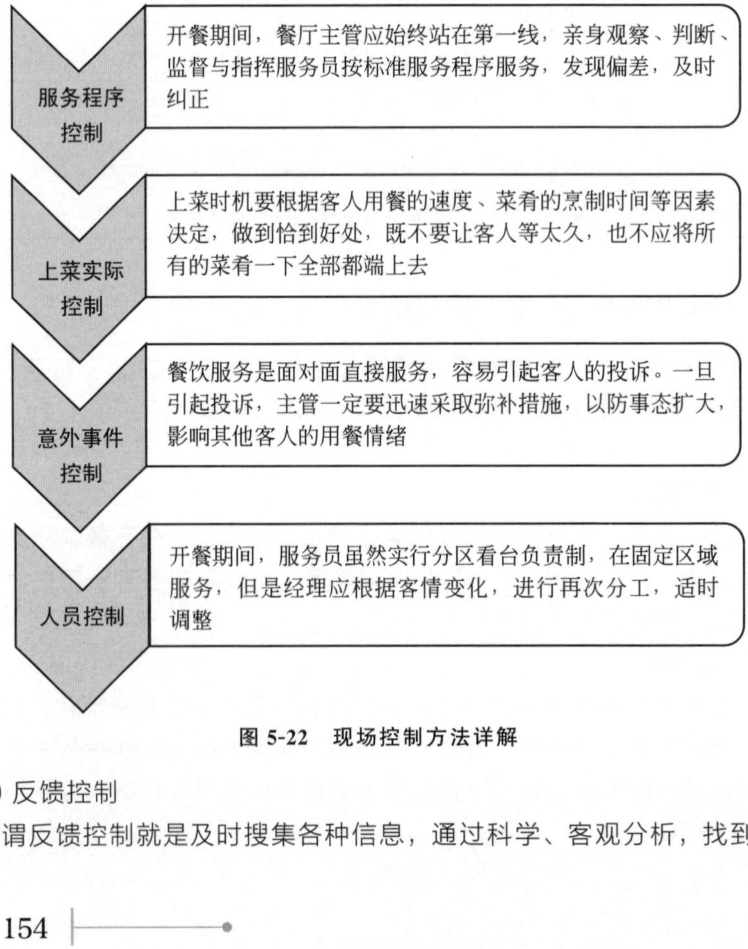

| 服务程序控制 | 开餐期间，餐厅主管应始终站在第一线，亲身观察、判断、监督与指挥服务员按标准服务程序服务，发现偏差，及时纠正 |

| 上菜实际控制 | 上菜时机要根据客人用餐的速度、菜肴的烹制时间等因素决定，做到恰到好处，既不要让客人等太久，也不应将所有的菜肴一下全部都端上去 |

| 意外事件控制 | 餐饮服务是面对面直接服务，容易引起客人的投诉。一旦引起投诉，主管一定要迅速采取弥补措施，以防事态扩大，影响其他客人的用餐情绪 |

| 人员控制 | 开餐期间，服务员虽然实行分区看台负责制，在固定区域服务，但是经理应根据客情变化，进行再次分工，适时调整 |

图 5-22　现场控制方法详解

3）反馈控制

所谓反馈控制就是及时搜集各种信息，通过科学、客观分析，找到出现质量问题的原因，采取措施，防止类似问题的再次发生。信息反馈主要来自内部系统和外部系统两方面，内部系统是指来自服务人员及管理人员的信息，外部系统是指来自就餐客人的信息。只有建立健全两个信息反馈系统，才能准确地把握服务质量现状，以便"对症下药"，不断提高服务质量。

5.3.4.4　正确处理客户的投诉

在酒店服务提供过程中，客人的投诉非常常见，尤其是出现令客人不满意的服务之后。很多酒店经理非常害怕客人的投诉，对一切投诉都怀有抵触之心，其实，这种态度大错特错。因为，很多客人之所以投诉并不是要 100% 的满意服务，而是寻找表达自己不满的途径，或想把自己的意见和建议传达给管理者。

所以，对于客人的投诉，关键不是能不能处理好，而是有没有一个正确的态度去处理。只要有足够的诚意，即使解决的结果并不十分完美，也很容易重新赢得客人的信任。否则，事情只能向更糟的方向发展，小事也会演变成不可收拾的严重事件。

案例 4

赵先生在酒店的中餐厅请客户吃饭。点菜时，有一位客户点了一道"白灼基围虾"，但记菜名的服务员没注意听，把它误写为"美极基围虾"。"我们要的是'白灼基围虾'。这道菜你上错了，请你赶快给我们换一下。"服务员一听不乐意了，辩解说："刚才这位先生点的就是'美极基围虾'，肯定没错。不信把菜单拿来核对一下。"这时候，赵先生气愤地说："把你们经理叫来，我有话对他说。"

经理大概已经听服务员汇报了情况，他走过来后便说："不好意思，你们刚才点的就是这道菜。我们店服务员都是经过严格考核和培训的，记忆力都很好，在客人点菜时会如实地记下每一道菜名。"大家本以为这位经理会过来赔礼道歉，把菜给换了，但没想到他居然会说出这种话。赵先生和客人非常气愤，表示以后再也不到这种酒店来吃饭了！

从上述案例中可以发现，在处理客人投诉时必须要有正确的态度。案例中服务员和经理都犯了同样的错误，面对客人的投诉不但没有积极解决，还极力推脱责任。正确的态度应是首先诚恳认错，然后承诺马上给客人换成"白灼基围虾"，再报告上级，给出进一步的解决措施。

投诉虽然会给酒店带来一定的声誉影响和经济损失，但作为管理人员不可以刻意回避，通过投诉可以发现更多差错，进而针对服务中存在的问题进行改进和提高。因此，当客户有投诉时，要正确处理，积极实施补救性措施。

那么，如何进行投诉后的补救呢？ 根据经验总结发现，如图5-23所示的步骤通常是被客人重视的，也是服务人员较易实施的。

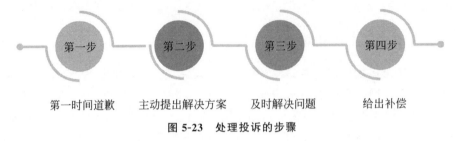

第一步   第二步   第三步   第四步

第一时间道歉   主动提出解决方案   及时解决问题   给出补偿

图5-23 处理投诉的步骤

（1）第一时间道歉

道歉是补救性措施的第一个步骤，对投诉的客人服务人员要首先道歉，并表示理解，目的是安抚客人的情绪。因为不满的客人大多是愤怒的，服务人员的道歉代表着酒店，无形中也告诉客人酒店自身首先可以理解因服务差错对其造成的损失。

（2）主动提出解决方案

在出现服务差错后，很多客人都会马上表示不满，并渴望得到解决。服务人员发现这个问题后，应主动采取补救性措施，让客人感觉到服务人员的真诚服务，这样可极大地提高客人感觉到的服务可靠性，同时也为酒店塑造了提供优质服务的市场形象，更能留住常客。

（3）及时解决问题

服务人员处理客人投诉时，及时性非常重要。客人等待的时间越长，补救性服务的效果就越差，会影响客人对投诉处理质量的看法。即使最终得到了补偿，但他们未必会重新相信酒店服务的可靠性。服务人员只有尽快为客人解决问题，才有可能留住客人。

（4）给出补偿

酒店应为服务差错给顾客造成的损失负责，并进行合理补偿。补偿的方式有价格折扣、免费产品和服务、退款、优惠券等。除了以上几个措施外，无条件承诺制度也是提高餐饮部门服务质量可靠性的重要措施，它可增强酒店市场影响力，使酒店注意到他们的服务必须达到某种标准，很大程度上可减轻不确定和疑虑因素，提高客人感觉到的服务质量的可靠性。

附表：酒店餐饮管理所涉及表单

附表 5-1　餐饮部卫生清洁表

填表人：　　　　　　　　　　　　　　　　　　填表日期：　年　月　日

	区域	清洁标准	清洁程序	备注
门廊	入口脚踏板			
	入口自动门			
	入口玻璃门			
	窗户与窗台			
	落地门窗			
	大厅玻璃门			
大厅	壁灯及灯罩			
	大理石地面			
	大厅中的摆件			
	沙发及茶几			
	窗户及窗台			
	前台柜台			
	电梯			
	步梯及扶手			
桌具	托盘			
	盘子			
	碗			
	筷子			
	桌布			
	餐巾			
其他	其他			

附表 5-2　餐饮部卫生检查表

填表人：　　　　　　　　　　　　　　　　　　填表日期：　年　月　日

卫生内容	卫生要求	清洁时间	负责人	检查人
屋顶				
灯具				

续表

卫生内容	卫生要求	清洁时间	负责人	检查人
墙面				
门窗及玻璃				
窗帘及布艺设施				
餐具				
桌椅				
其他公共设施				

附表 5-3　餐饮部服务质量表

填表人：　　　　　　　　　　　　　　　填表日期：　年　月　日

服务项目			服务内容及标准
有形服务产品	餐饮设施	餐厅容量设计	
		餐厅环境布局	
		餐厅桌椅	
		餐具用品	
		音响器材	
	菜点花色		
无形服务产品	仪容仪表		
	礼节礼貌		
	服务技能		
	安全卫生		
	服务态度		
	服务效率		
其他服务项目			

附表 5-4　厨房交接班管理表

填表人：　　　　　　　　　　　　　　　填表日期：　年　月　日

交班时间	交班人	接班人	交接物品

附表 5-5 酒吧用品领用表

填表人：   填表日期：   年   月   日

日期	名称	数量	单价	金额	领用人	库管

附表 5-6 酒吧清洁检查表

填表人：   填表日期：   年   月   日

卫生项目	8:00～12:00 负责人	12:00～16:00 负责人	16:00～20:00 负责人	20:00～24:00 负责人	0:00～8:00 负责人	检查人
吧台						
酒柜						
桌椅						
酒架						
仓库						
……						

附表 5-7 娱乐中心营业计划表

计划项目				
目前市场分析				
未来市场预测				
管理服务理念				
计划目标	部门	预期目标		备注
		经济效益	社会效益	
实现目标的保障措施	综合管理保障			
	财务资源保障			
	人力保障			
	后勤保障			
效益分析	营销计划			
	成本控制计划			
	预期利润			

续表

管理层管理权限细分	部门	负责人	相关职责
绩效考核体系	考核周期		
	考核系数与计算方法		
	员工激励方法		
审核意见			
编制人		审核人	
编制日期		审核日期	

附表5-8　健身中心清洁卫生安排表

时间段	清洁位置	清洁范围	清洁方法	清洁标准	负责人	备注
上午						
中午						
下午						
晚间						
编制人员				审核人员		
编制日期				审核日期		

附表5-9　送餐预订登记表

填表人：　　　　　　　　　　　　　　　　填表日期：　　年　　月　　日

宾客姓名	餐名	数量	单价	金额
做法要求	取餐日期		小计	
	交货地点		折扣	
	备注		合计	
	联系电话	订金	余额	

附表 5-10 订餐统计表

填表人： 填表日期： 年 月 日

序号	宾客姓名	联系电话	送餐时间	送餐地址	菜品及主食	金额	订金	余额	备注
1									
2									
3									
合计									

附表 5-11 订单处理记录表

填表人： 填表日期： 年 月 日

订单号	主要菜品	接受时间	处理情况	结束时间	负责人	备注

附表 5-12 送餐结算登记表

填表人： 填表日期： 年 月 日

序号	宾客姓名	主要菜品及主食	金额	订金	余额	送餐人	备注
1							
2							
3							
……							
合计							

附表 5-13 外卖服务准备表

填表人： 填表日期： 年 月 日

准备事项	准备内容	负责人
场地准备		
用具准备		
人员准备		
送餐工具准备		
其他准备		

第6章

酒店成本管理

　　成本管理是任何企业都十分重视的，同时也是酒店管理中不可或缺的。因为只有控制好成本才能实现盈利，而且随着酒店行业竞争的日益激烈，作为酒店必须建立有效的成本管理体系，才能以低成本带动高效益，真正提升内在竞争力。

6.1 酒店成本的概念、组成和分类

6.1.1 酒店成本的概念

酒店成本分为广义上的概念和狭义上概念。广义的成本包括原材料、工资费用、其他费用(包括水、电、煤气费，购买餐具、厨具费用，餐具破损费用，清洁、洗涤费用，办公用品费，银行贷款利息，租入财产租金，电话费、差旅费等)，其计算公式如下：

酒店成本 = 直接材料 + 直接人工费用 + 其他费用

狭义的成本仅指酒店各部门为正常营业所需而购进的各种原材料费用。通常酒店企业的成本核算仅指狭义的成本核算。

6.1.2 酒店成本的组成

酒店企业成本一般包括直拨成本、出库成本、盘点净损失(毁损成本)三个部分，计算公式如下：

酒店成本 = 直拨成本 + 出库成本 + 盘点净损失

所有酒店企业物资在进入酒店企业时须经过收货部验收(参与收货的人员有收货员和使用部门主管)，收货部验收后，根据物资申购部门和物资性质区别其是否入仓，入仓的下入仓单，不入仓的下直拨单，直接拨给使用部门使用。

盘点净损失是指实地盘点中盘点数与账存数之间的差异。酒店企业运作期间由于各种原因，不可避免会造成账实不符的情况，如出品后因没及时开单没有收到钱、酒吧员工不小心打破酒水、服务员打破餐具、失窃等。

6.1.3 酒店成本的分类

成本分类是为做好成本核算和成本管理打基础的。酒店成本，根据不同分类标准可分成多个类型，如图6-1所示。

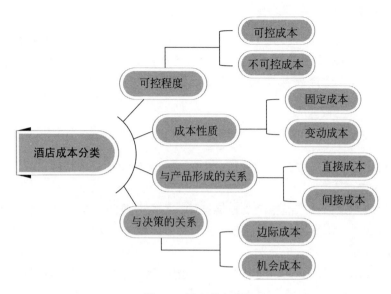

图 6-1 酒店成本分类

（1）按成本可控程度划分

按成本可控程度可以分为可控成本和不可控成本。

1）可控成本

可控成本是指酒店管理中，通过部门职工的主观努力可以控制的各种消耗。有些成本如食品原材料、水电燃料、餐茶用品等消耗，通过部门人为的努力是可以控制的。

2）不可控成本

不可控成本是指通过部门职工的主观努力很难加以控制的成本开支。如还本付息分摊、折旧费用、劳动工资等，通过部门人为的努力，在一定经营时期是很难控制的。

（2）按成本性质划分

按成本性质划分可分为固定成本和变动成本。固定成本和变动成本是根据成本对产销量的依赖关系来分类的，它反映了酒店产品的成本性质。

1）固定成本

固定成本是指在一定时期和一定经营条件下，不随酒店产品生产的销量变化而变化的那部分成本。在酒店成本构成中，广义成本中的劳动工资、折旧费用、还本付息费用、管理费用等在一定时期和一定经营条件下是相对稳定的，所以称为固定成本。

2）变动成本

变动成本则是指在一定时期和一定经营条件下，随产品生产和销售量的变化而变化的那部分成本。在酒店成本构成中，食品原材料成本、水电费用、燃料消耗、洗涤费用等总是随着产品的产销量而变化，所以称为变动成本。

（3）按成本与产品形成关系划分

按成本与产品形成关系划分可分为直接成本和间接成本两种。

1）直接成本

直接成本是指在产品生产中直接耗用，不需分摊即可加入到产品成本中去的那部分成本，如直接材料、直接人工、直接耗费等。

2）间接成本

间接成本是指需要通过分摊才能加入到产品成本中去的各种耗费，如销售费用、维修费用、管理费用消耗等。

（4）按成本与决策关系划分

按成本和决策关系划分可分为边际成本和机会成本。

1）边际成本

边际成本是指增加一定产销量所追加的成本。在酒店管理中，增加酒店产品的产销量可以增加收入，但同时，其成本也会相对增加。当固定成本得到全部补偿时，成本的增加又会相对减少，从而增加利润。但产销量的增加不是没有限制的，当超过一定限度时，市场供求关系变化，成本份额也会发生变化，从而使利润减少。

从经营层面来看，当边际成本和边际收入相等时，利润最大，所以，边际成本是确定酒店产品产销量的重要决策依据。

2）机会成本

机会成本是从多种方案中选择一个最佳方案时，被放弃的次优方案所丧失的潜在利益。

6.2 成本核算的方法和步骤

（1）成本核算方法

酒店产品品种繁多，在核算时应根据厨房产品生产方式及花色品种不同，采用不同的核算方法，如图 6-2 所示，这些方法可大大提高成本核算的准确性和科学性。

图 6-2　成本核算的 4 种方法

1）顺序结转法

顺序结转法根据生产加工中用料的先后顺序逐步核算成本，适用于分步加工、最后烹制的酒店产品。

在酒店餐饮管理中，大多数热菜食品都采用分步加工，其成本核算方法是将产品的每一生产步骤作为成本核算对象，依次将上一步成本转入到下一步成本核算中，顺序类推便计算出酒店产品总成本。

2）平行结转法

平行结转法主要适用于批量生产的产品成本核算，它和顺序结转法又有区别。生产过程中，批量产品的食品原料成本是平行发生的，原料加工一般一步到位，形成净料或直接使用的食品原材料，这时只要将各种原料成本相加，即可得到产品成本。如冷荤中的酱牛肉、酱猪肝；面点中的馅料食品，如三鲜馅的饺子、包子等。

3）订单核算法

订单核算法是按照客人的订单来核算产品成本，主要适用于会议、团队、宴会等大型酒店活动。这些类型的客人用餐事先都会预订，且用餐标准十分明确。

在成本核算时，首先必须根据订餐标准和用餐人数确定餐费收入，然后根据预订标准高低确定毛利率高低，计算出一餐或一天的可容成本，最后在可容成本的开支范围内组织生产，而这一过程都是以订单为基础和前提的。

4）分类核算法

分类核算法主要适用于酒店成本核算员和酒店成本会计的成本核算。如成本核算员每天核算成本消耗，先要将各种单据按餐厅和厨房分类，然后在每一个厨房或餐厅内将成本单据按食品和饮料分类，再按食品原料种类分类记账，最后才能核算出每个餐厅或厨房的各类成本。

此外，在月、季成本核算中还可以分别核算出蔬菜、肉类、鱼类成本，或冷菜、热菜、面点、汤类等不同种类的成本。

（2）成本核算步骤

1）收集成本资料

收集成本资料是成本核算的前提和基础，要以原始记录和实测数据为准，不能用估计毛值，以保证成本核算的准确性。

2）酒店成本核算

酒店成本核算分为采购成本核算、库房成本核算、厨房加工核算、餐厅成本核算和会计成本核算等多种。成本核算往往要分类进行，各个环节数据互相联系。

3）成本分析

在成本核算的基础上，应定期对成本核算的结果及其核算资料进行成本分析，输出分析报告。一般说来，每周、每月都应进行一次成本分析，以指导酒店生产经营活动的顺利开展。

4）提出改进建议

根据成本核算和分析的材料，对采购、储存、出库、领用以及库房、餐厅等各个环节、各个部门进行分析，找出影响成本的原因，并针对主要原因提出改进建议，以便为加强成本控制、降低成本消耗提供客观依据。

6.3 控制成本的4个重点

成本要控制，但不是盲目控制，因为有些成本可控，而有些成本不可控，花大量时间和精力在不可控成本上毫无意义，反而会造成资源浪费。换句话说就是，在做成本控制这项工作时要理清脉络，抓重点。

那么，具体该如何做呢？ 可从以下4个方面重点抓起，如图6-3所示。

（1）抓制度建设

成本控制需要所有与成本相关人员的参与，如何发挥每个成本相关者在成本控制中的作用，是企业成本控制必须解决的问题之一。企业成本控制不能建立在人人自觉的美好愿望之上，应当建立成本控制制度，建立与之相关的激励

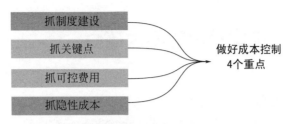

图 6-3 做好成本控制的 4 个重点

与约束机制。靠制度，用激励与约束的方式来调动员工控制成本的主观能动性，将节约成本与员工的切身利益联系起来，利用奖惩的办法将企业被动成本控制转换为全员的主动成本控制。

（2）抓关键点

形成成本的各个环节、各个点在成本中的作用可能不同，有些环节点对成本的形成起关键作用，有些环节点对成本的形成起作用较小。企业成本控制应从关键点着手，抓住成本关键点，这往往能起到事半功倍的效果。

比如，在酒店餐饮部门寻找新菜品原料难度比较大时，创新烹饪技法、变换原料组合就成为提高利润、降低成本的关键点。

（3）抓可控费用

酒店餐饮部门也可将菜品成本分为可控成本和不可控成本，当然这里所谓的不可控只是相对的，没有绝对的不可控成本。不可控制成本一般是指企业在决策过程中形成的成本，包括管理人员工资、折旧费和部分管理费用等，这些费用花大力气去控制没有多大意义，因为这都是在决策建立或实施后形成的，一般条件下较少发生变化。只有那些在生产经营过程中可以人为进行调控的，比如原料用量、餐具消耗量、原料进价、办公费、差旅费、运输费、资金占用费等可控成本，控制起来才有意义。

（4）抓隐性成本

大多数餐饮行业传统的成本控制方法往往成效不大，这些成本控制手段能够带来的成本降低空间显得太小，并且过度成本控制往往是以降低菜品质量、弱化服务质量来得到的。如降低了采购成本，以降低原料价格为代价，从长期来看这削弱了酒店的竞争能力。其实，造成这种现象的原因在于这些酒店只看到了酒店中发生的各类"显性成本"，却对酒店中各类"隐性成本"视而不见。对于这些"隐性成本"的控制，除了传统的成本控制手段外，更应从酒店战略层面来考虑成本削减，将控制成本和提升竞争优势联系在一起。

6.4 成本管理的两大核心

餐饮和客房服务是酒店的两大业务核心，根据这两大核心，在成本管理上也可划分为两部分，一个餐饮成本控制，一个客房成本控制。只要做好这两部分工作，整个成本基本就控制下来了。

6.4.1 餐饮成本控制

6.4.1.1 餐饮成本控制意义与原则

欲提高酒店的利润，既要懂得开源也要懂得节流，也就是用促销的方法尽可能提高销售收入，同时用控制的方法使各项支出都能运用得当，将损失和耗费降至最低。因此，餐饮成本控制是用科学的管理方法，尽可能提升餐饮产品的利润，最大限度地减小成本和消耗的过程。

（1）成本控制的意义

1）有利于餐饮工作的正常开展

餐饮成本控制关系到产品的规格、质量和销售价格。产品的售价是以食品成本和规定的毛利率来计算的，成本的高低直接影响其售价，因此搞好成本控制是餐饮工作的重要方面。

2）有利于满足宾客需要并维护其利益

宾客到餐厅就餐，不仅希望能够享受到精美的菜点和热情的款待，更希望餐饮产品物美价廉，而为保证这一点，就必须进行成本控制。

3）有利于增加餐厅利润

餐饮成本控制直接关系到整个餐厅的营业收入和利润。餐厅在满足宾客的餐饮需求的同时，还担负着为餐厅提供盈利的任务。如果成本失控，就会影响餐厅的经营成果，甚至造成不应有的亏损。因此，为保证餐厅的既得利益，就必须加强成本控制。

4）有利于提升餐厅经营管理水平

餐饮成本控制的关键取决于餐厅的经营管理水平，经营管理水平越高，成本控制就越好，反之就会产生成本失控现象。因此，搞好成本控制也改善了餐厅的经营管理。

（2）餐饮成本控制的原则

1）以客人为中心

餐饮成本控制过程中，不能一味地降低成本而忽视餐饮产品的质量与服务质量，不能牺牲客人的利益来实现成本控制，要时刻以客人为中心，充分考虑到客人的感受，尤其是要注重产品质量，在质量过硬的前提下进行成本控制。

2）以科技为载体

为了控制餐饮成本，餐饮部门应该以科技为载体，积极引进先进的生产技术和管理技术，科学分析生产过程和服务过程，依靠科技的力量降低成本。尤其随着"互联网＋"时代的来临，应该充分依靠互联网科技的先进技术，推出科技含量更高的产品，从而实现餐饮成本控制。

3）以奖励为手段

餐饮部门诸多工作和服务都是由人来提供的，而根据社会人的定义，人的心理、情绪等都会影响人的正常发挥，进而影响工作效果。因此，餐饮部门应该充分尊重员工，鼓励他们参与餐饮成本控制的标准制订，让员工全面了解餐饮部门的运营情况和困难，建立适当的奖励措施，鼓励员工提高工作效率、提升服务质量，这样可以无形中降低成本，提高企业的盈利。

6.4.1.2 酒店餐饮成本控制常用6种方法

（1）预算控制法

预算控制法，也叫事前控制，是餐厅经营支出的限额目标。预算控制就是以分项目、分阶段的预算数据作为成本费用支出的依据，通过分析对比，找出差异，并采取相应的改进措施，实施餐厅成本控制。例如：对于原料成本，可通过毛利率来预算成本支出额。其计算公式为：

成本支出额＝预算期餐饮原料成本－预算期预计餐饮营业收入×
（1－预计餐饮销售毛利率）

（2）制度控制法

制度控制必须制订全面可行的制度。比如，各项开支消耗的审批制度，各种原料的采购、验收、保管、领发制度等，而且这些制度必须准确、具体，符合餐饮业的运转规律和客观实际。同时，要加强维护制度的严肃性，加强督促检查，并设有相应奖惩制度。因此，成本费用控制制度还应包括相应的奖惩办法，对于努力降低成本费用有显著效果的要予以重奖，对成本费用控制不力造成超支的要给予惩罚。

（3）主要消耗指标控制法

主要消耗指标是对酒店成本费用有着决定性影响的指标，主要消耗指标控制，也就是对这部分指标实施严格的控制，以保证成本预算的完成。例如：我们在厨房所使用的原材料中，选出 30 种主要的材料，以一个月为期，计算每期各项主要材料使用总额，然后求出各主要材料占总额的比例，以每个月的同样材料使用比例高低作比较，来控制餐饮成本。采用这种方法，首先一定要把主要材料的内容明确固定下来。比如，牛肉、猪肉、羊肉、鱼肉、蔬菜、水果、奶酪、鸡蛋、牛油、咖啡、牛奶、茶叶、调味品、面粉、大米等。

（4）标准成本控制法

标准成本是指酒店在正常经营条件下以标准消耗量和标准价格计算出的各营业项目的标准成本，作为控制实际成本时的参照依据，也就是对标准成本与实际成本进行比较分析。实际成本低于标准成本称为顺差，表示成本控制较好；实际成本高于标准成本称为逆差，表示成本控制欠佳。

（5）目标成本控制法

目标成本是指在一定时期内产品成本应达到的水平，以此作为成本管理工作的奋斗目标。其计算公式为：

$$产品目标成本 = 产品有竞争力的市场定价 - 企业目标利润$$

（6）定期盘点控制法

目前很多餐饮部门的餐饮成本计算方式多采用定期盘点法。餐饮生产成本控制的难点在于环节上的不完整性，原因之一就是"有头无尾"。

比如，在餐饮业中，厨房即使编制了标准菜谱，每天都有总的销售额，却没有对每种菜肴的销售量和厨房剩余量的统计。为了解决这道难题，必须加强统计工作，以便为成本控制提供详细的基础资料。最简单有效的统计方法就是每天供餐结束后对食品原料进行盘点。有的厨房因为怕麻烦，往往缺乏这一环节。其实，这项工作只需配备一名核算员，建立食品成本日报分析制度，每天定期进行盘点，执行起来难度不大。

6.4.1.3 酒店餐饮成本控制的工作重点

（1）采购成本控制

采购成本影响餐饮产品利润：菜品利润表现在销售价格上，但隐含在采购中。采购价格的差异表现在地区差价、产销差价、批零差价、季节差价等，还受采购方式和采购数量的影响。

采购数量影响流动资金的周转：资金的周转期越短，流动速度越快，获利能力就越大。现金支付货款，造成积压和库存过大，影响资金周转。

在采购成本控制上，可以从以下 4 个方面入手，如图 6-4 所示。

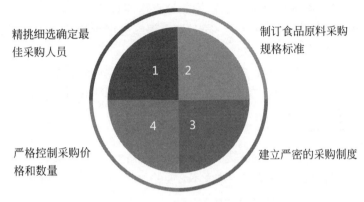

精挑细选确定最佳采购人员

制订食品原料采购规格标准

严格控制采购价格和数量

建立严密的采购制度

图 6-4　采购成本控制 4 种方法

（2）验收成本控制

验收成本控制是餐饮成本控制的一个重要环节，因为采购回来的原材料需要验收，合格后方能投入使用。假如验收不严格，没有按照规定操作，致使采购到劣质、不符合规定的食材，势必会造成浪费，增加采购成本。

1）建立完善的验收体系

进行验收成本的控制首先需要有一套科学、合理的验收体系来保障，这就要求总经理必须根据需求做好验收建设工作，及时配备一套完善的体系。一个完善的验收体系通常包括多个部分，具体如下。

① 配置称职的验收人员。人力资源部门负责遴选应聘人员，审查应聘人员的资历，然后会同财会部门和营业部门主管人员决定人员的录用。挑选验收员的最好方法是从仓库职工、食品和饮料成本控制人员、财会人员和厨工中发现有经验的人才，使其通过从事验收工作积累管理工作经验。

② 验收场地。验收场地的大小、验收的位置好坏直接影响到货物交接验收的工作效率。理想的验收位置应当设在靠近仓库或货物进出较方便的地方，最好也能靠近厨房的加工场所，这样便于货物的搬运，缩短货物搬运的距离，也可减少工作失误。

③ 验收设备。验收处应配置合适的设备，供验收时使用。比如磅秤，就是最主要的设备之一，磅秤的大小可根据餐饮部门正常进货的量来定。验收既要

有称大件物品的大磅秤，又要有称小件、贵重物品的台秤和天平秤，各种秤都应定期校准，以保持精确度。

④ 验收工具。验收常用的工具有：开启罐头的开刀；开纸板箱的尖刀、剪刀、榔头、铁皮切割刀；起货钩；搬运货物的推车；盛装物品的网篮和箩筐、木箱等。验收工具既要保持清洁，又要安全保险。

⑤ 科学验收程序和良好验收习惯。验收程序规定了验收工作的工作职责和工作方法，使验收工作规范化，同时按照程序进行验收，养成良好的习惯，是验收高效率的保证。

⑥ 经常监督检查。酒店餐饮部门管理人员应不定期检查验收工作，复查货物的重量、数量和质量，并使验收员明白，管理人员非常关心和重视他们的工作。

2）明确验收程序

在验收环节控制成本，首先需要做好验收基础工作，就是明确餐饮原料验收程序，按照程序进行验收，可以减少中间不必要的程序，具体流程如图6-5所示。

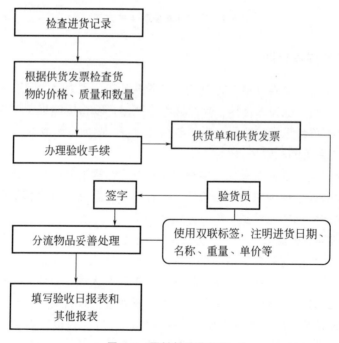

图6-5　原材料验收流程

（3）发放成本控制

食品原料发放目的是保证厨房用料得到及时、充分的供应，但只有合理发放才能达到这一要求。为了最及时、更充分地满足厨房要求，就需要对发放成本进行控制。一是要严格控制发放时间，定时发放；二是要制订原料领用制度，并监督领用部门和员工严格遵守。

1）定时发放

为了使仓库保管员有充分的时间整理仓库，检查各种原料的情况，不至于整天忙于发原料，耽误其他必要的工作，应做出领料时间的规定，如上午 8～10 时，下午 2～4 时。仓库不应一天 24 小时都开放，更不应任何时间都可以领料，如果这样，原料发放难免失去控制。同时，只要有可能，应该规定领料部门提前一天送交领料单，不能让领料人员立等取料，这样，保管员便有充分时间准备原料，免出差错，而且还能促使厨房做出周密的用料计划。

2）严格遵守物资领用制度

为了记录每次发放的原料物资数量及其价值，以正确计算食品成本，仓库原料发放必须坚持凭领用单发放的原则。领用单应由厨房领料人员填写，由厨师长核准签字，然后送仓库领料，保管员凭单发料后应在领用单上签字。原料物资领用单须一式三份，一联随原料物资交回领料部门，一联由仓库转财务部，一联作仓库留存。应正确如实记录原料使用情况。

餐厅厨房经常需要提前准备数日以后所需的食物，如一次大型宴会的食物往往需要数天甚至一周的准备时间。因此，如果有原料不在领取日使用，而在此后某天才使用的情况，则必须在原料物资领用单上注明该原料消耗日期，以便把该原料的价值记入其使用的食品成本。

原料发放完毕，保管员必须逐一为原料领用单计价。原料的价格，在进料时都已注明在原料的包装上，如果是肉类，则在双联标签的存根上。如果餐厅没有采取这种方法，则常以原料的最近价格进行领用单原料计价。计价完毕，连同双联标签存根一起，把所有领用单送交食品成本控制员，后者即可以此计算当天的食品成本。

（4）服务成本控制

这里所谓服务成本是指服务人员在上菜、传菜过程中因服务不当而引起的菜品浪费、成本增加现象。这虽然是个很细微的细节，但几乎每天都在发生，给餐饮部门造成的损失巨大，无形中增加了成本。

服务成本具体表现在以下 4 种情况：

① 服务员在填写菜单时没有重复核实客人所点菜品，以至于上菜时客人说没有点此菜。

② 服务员偷吃菜品而造成数量不足，引起客人投诉。

③ 服务员在传菜或上菜时打翻菜盘、汤盆。

④ 传菜差错，如传菜员将 2 号桌客人所点菜品错上至 1 号桌，而 1 号桌客

人又没说明。

案例 1

某酒店餐饮部门二、三楼分别接待了两个规模及标准较高的婚宴，因当时人手紧张，餐饮部门申请了从酒店其他部门调配人手。各部门人员到位后，都集中安排至备餐间进行传菜工作。在传菜过程中，一名传菜员因没听清楚传菜要求，将二楼的一道菜传送至三楼，导致三楼多上这道菜。后经部门经理发现，及时采取了补救措施。但因二楼菜式在时间上耽搁而导致菜上得慢，最后客人还是不满意。

传菜是承接楼面与厨房、明档、出品部之间的一个重要环节，起到传菜、传递信息的用途，是经营餐饮活动不可缺少的环节，因此，要做好对传菜人员的培训，从而控制成本。

对此，酒店应对服务人员加强职业道德教育，并进行经常性业务技术培训，端正服务态度，树立良好服务意识，提高服务技能，并严格按规程为客人服务，不出或少出差错，尽量降低菜品成本。

（5）新菜品研发成本控制

要想吸引到更多客人，或者增强在竞争中的竞争力，酒店需要不断创新菜品，打造本店的头牌菜、招牌菜，提升餐饮部门服务的含金量。因此，很多时候，需要对菜品进行研发。但是，创新也不能是盲目的。有的创新不成反倒造成资源的浪费，成本上升；有的即使对菜品进行了创新，但是以消耗大量昂贵食材为代价，也不是最好的选择。

菜品的创新要兼顾成本控制，最好在合理的成本范围之内，研发出特色菜品。

案例 2

大多数餐饮企业经常会买些海虾来剥虾仁儿，剥出虾仁后对于虾头，则认为上面没有什么肉而将其弃之不用。其实虾头中含有丰富的营养成分，并且做法多样。某酒店就用虾头研发出了多道美食，炸制椒盐虾头，或者制作海鲜酱油，或者是做成虾头炖豆腐，做法简单，味道独特，红红的虾油配上滑嫩的豆腐，回味悠长，绝对堪称是一道美味了。

案例 3

随着猪肉价格节节攀升，许多酒店为了缓解涨价带来的压力，不仅悄然上调了菜品价格，还削减菜品中猪肉的用量。而另外一部分酒店则删减猪肉菜品种类来降低成本，并开发以海鲜、鸡鸭类为主原料的新菜品，这也成为了酒店中餐部门缩减成本的手段之一。

因此，菜品的研发和创新要以减少成本，提高利润为前提，遵循有效利用原材料，菜品精细化的原则。具体原则如图 6-6 所示。

1	2	3	4
同一原材料研发多种菜品	保留主料、替换辅料	利用新厨艺改造老菜	提高菜品文化附加价值

图 6-6　菜品的研发和创新原则

6.4.2　客房成本控制

6.4.2.1　客房成本的构成

在酒店管理中，其成本来源是多种多样的，其中客房是导致成本居高不下的主要来源。当对客房成本进行有效管理时，一方面节约了资源，减少了浪费，另一方面也提升了酒店的经济效益，保证了酒店更稳定的发展态势，对酒店日后的发展有所裨益。

在我国的酒店客房中，成本费用是由很多部分共同构成的，主要可以归结为营业费用。所谓营业费用，就是酒店客房正常营业过程中所产生的费用，主要是客人在入住过程中消耗的物资或是责任人所控制的消费。其中主要包括人工成本、能源成本、餐饮成本、物资成本等，如图 6-7 所示，这些都是酒店客房在营业过程中必不可少的。

（1）人工成本

人工成本是酒店工作人员的工资、奖金及其出差费用等。在酒店这一类劳动密集型行业中，人工成本占非常大的比重，所以在人工成本方面也要进行适当控制，进行一系列的核算，从而降低人工成本。

（2）能源成本

能源成本主要是客人入住客房，客房需要提供给客人能源所需的成本。能源成本主要包括水电费用、供暖费用以及供气费用等。这些能源是客房中必不

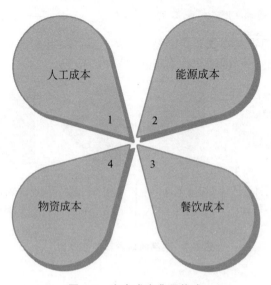

图 6-7　客房成本费用构成

可少、必须提供的，而且在总成本中可以占到 10％ 左右。当今社会中能源紧缺，供不应求的情况时常出现，所以也必须加强对能源的控制，同时控制能源成本。

（3）餐饮成本

餐饮成本主要是客人入住酒店在餐饮方面产生的成本费用。这部分费用在酒店的成本中所占比重也是相当大的。所以酒店要着重考虑如何控制餐饮成本从而提升经济效益。

（4）物资成本

物资成本主要是酒店的固定资产，即家具和床等。这些固定资产在客人入住酒店的过程中会折旧，从而产生一部分成本费用。

6.4.2.2　客房成本控制的方法

在酒店加强管理的过程中，其管理体系的重要性是不容小觑的。只有具有相关的管理体系，所有的管理行为才能够有据可依，真正做到有效管理。每一个酒店都应该根据自己自身的实际情况，制订适合自身的管理体系，从而最大限度地发挥其作用。

因此，控制酒店客房成本应该加强管理，成立成本费用管理体系，同时在成本费用管理体系的建设过程中，需要酒店的每一个阶层都参与进来，以保证管理体系具有可行性。

为保证每个阶层都参与进来，可以成立一个成本费用管理小组，小组组织架构如图6-8所示。总经理可以自任组长，各部门推荐相应的人选加入小组，共同讨论酒店客房成本的管理制度。

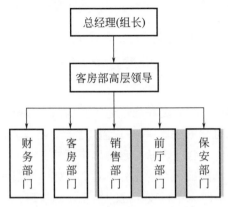

图 6-8 成本费用管理小组组织架构

小组要对成本管理细化到每一个岗位，各组员各司其职，密切配合，共同把控成本支出。各组员主要职责如下：

（1）总经理

总经理应该定期开展成本控制方面的会议，总结成本控制方面所取得的效果，同时查漏补缺，及时发现管理中的漏洞并整改，使得管理体系最大限度地完善。

（2）客房部的高层领导

对于酒店客房部的高层领导，主要负责对成本费用的总水平进行评估，对重点项目进行管理，对成本出现问题的项目进行考察和管理工作。

（3）财务部门

对于财务部门，就要编制费用预算，对客房各部分的费用做综合的控制和监督工作，及时发现问题并上报。

（4）客房部门

对于客房部门，对本部门的运作及成本构成是最熟悉的，最主要的是要做到对营业成本的全面负责，尤其对一次性消耗品和水电费等要加强管理，并且将费用管理的责任分配到每一个工作人员，让大家都树立起节约成本的意识，真正从根源上控制成本。

（5）其他部门

对于酒店内的其他部门，比如销售部、前厅部、保安部等，主要负责好外围工作，做到安全有保障，做好后勤工作，坚持开源节流，控制成本。

6.4.2.3　客房成本控制的工作重点

（1）人工成本

对人工成本的控制，首先要在保证酒店客房服务质量不下降的同时，减少劳动力成本，使得酒店客房成本得到一定的控制。所以，在对人工成本的控制中主要要做到合理设岗、合理定薪和合理确定提成。

针对每个员工都选定最适合的工作岗位，比如，年龄稍大的员工主要负责每天将床单换下，换上新床单；较年轻的员工，动作麻利，主要负责收拾房间等。而针对不同的工作岗位也要制订不同的薪水标准和提成标准。比如，可以根据员工负责的房间数量和等级不同制订不同的薪水和提成，这样使得人工成本的管理更加明确。

（2）能源成本

对能源成本的控制主要是通过提高员工的节能意识来实现。当员工都树立起节能意识，加强监督力度，控制水和电的用量，就可以大大减少水电的浪费。比如，员工们可以在使用空调或是交换机组时，灵活掌握开关的时间，而不是一直保持开着的状态，那么对于节约成本是非常有好处的。针对水电费，主要可以通过每月的统计来发现问题，看哪一个月的水电使用不在正常范围内，就可以及时找出原因。

（3）餐饮成本

对餐饮成本的控制主要通过采购和认真登记数额来完成。根据酒店所需，统计出每日所需的各种物资数量，明确采购责任并且明确采购的数量，避免浪费，采购时也要尽量购买价廉质优的商品。同时，还需要做好比价单，严格遵守报价制度。这样严格把关可以防止采购员随意购买，也可以防止其徇私舞弊造成的成本损失。

（4）物资成本

物资成本除了客房中所包含的固定成本，还包括一些物料的消耗。而物料的消耗又主要来自客房中的一次性消耗品，所以要从多个方面入手来控制物资成本。首先，要严把采购关。尽量采购物美价廉的产品，在保证服务质量的同时降低成本。其次，把好入库关。在入库时做好记录，保证与合同相符，并监督物资的质量。最后，把好支出关。每一个房间都具有固定的物资标准，不可多领，杜绝由于员工私自带走而产生的成本损失。

除此之外，还有洗涤费用等基本费用，也需要有基本的控制。对洗涤费用的控制，其量化标准就比较多，需要规定洗涤的次数、时间以及洗涤质量等。这就在保证洗涤质量的同时节约成本。

（5）建立成本考核指标体系

对成本进行考核主要是对工作人员的监督，同时保证宾馆成本的管理工作能够更加有效，激发工作人员的工作热情和积极性。在这里需要采取"工资与经济效益挂钩"的方式来对员工加以鼓励。

该体系主要是对成本费用指标的考核。酒店可以根据工作岗位的不同来制订相应的成本费用指标作为考核标准，用来衡量每一位员工对费用的支配情况，从而达到控制成本的效果。具体做法是给每一位员工都制订相应的成本管控标准，并且将其消耗金额与工资挂钩，当员工不影响服务质量的同时，所支配的金额较少，则做到了对成本的节约，应当给予奖励。相反，如果超出了分配的金额，那么将得到相应的惩罚以示警告，以激励其加强对成本费用的管理。

附表：酒店成本管理所涉及表单

附表 6-1　酒店物资采购款申请表

编号：　　　　　　　　　　　　　　　　　　　　　日期：　年　月　日

申购部门		申购单编号		
采购物品明细				
编号	名称	数量	用途	采购日期
询价记录	序号	供应商	品牌	价格
	1			
	2			
	3			
	4			

续表

	进货物品	进货单价	进货总额	备注
预算情况				
	合计金额			
申请部门				经理签字：
采购部门				经理签字：
财务部门				经理签字：
总经理意见				

附表 6-2　酒店年度利润表

项目	本年金额	上年金额
一、营业总收入		
其中:主营业收入		
其他营业收入		
其他		
二、营业总成本		
其中:营业成本		
费用成本		
其他		
三、营业利润		
其中:净营业利润		
所得税		

附表 6-3　酒店成本利润核算表

项目明细		成本	销售额	毛利润	合计
食品	菜品				
	其他				
饮品	酒水				
	饮料				
	其他				

续表

项目明细	成本	销售额	毛利润	合计
免费餐				
合计				
成本核算人				
财务总监				

附表 6-4 客房日用品采购登记表

编号：

序号	日用品名称	规格尺寸	单价	数量	金额	登记部门	需求期限	备注
1								
2								
3								
……								

附表 6-5 客房日用品采购审批表

日期： 年 月 日

申购部门			申购单编号					总经理
申购人			预算类别		□年度 □月度		领导会审	
采购内容	序号	品名	单价	数量	金额	供应商		副总经理
								采购部经理
	合计							
审批意见								

附表 6-6 客房日用品采购核实表

编号：   填表日期： 年 月 日

序号	日用品名称	规格	数量	采购员	库管员	入库时间	备注
1							
2							
3							
……							

附表 6-7　餐饮原材料采购登记表

编号：

分类	名称	规格	单价	数量	金额	质量品级	供应商	备注
粮食								
食用油								
调味品								
肉制品								
酒类								
蔬菜类								
……								

附表 6-8　餐饮原材料采购审批表

日期：　　年　月　日

申购部门		申购负责人		申购单编号	
申购内容					
序号	食品名称	食品分类	单价	数量	金额	供应商

续表

审批意见		
财务部审核	意见：	年　月　日
采购经理审批	意见：	年　月　日
总经理审批	意见：	年　月　日

附表 6-9　餐饮原材料采购核实表

编号：　　　　　　　　　　　　　　　　　　填表日期：　年　月　日

序号	食品名称	单位	数量	食品分类	贮藏要求	存放位置	备注
采购员				库管员			
入库日期				审核人			

附表 6-10　餐饮原材料采购验收单

厂商名称：　　　　　　　　　　　　　　　　　　　□全部交货

□部分交货

申请单位：		请购单号码：		采购订单号：	
货品号码	摘要	单位	数量	单价	总价
总金额：					
核准：					
验收员：			使用部门主管：		

第7章

酒店安全管理

    保护生命、财产安全是客人对酒店的最基本要求，也是酒店义不容辞的责任，如防火、防盗等。因此，安全管理就成为酒店经理的主要任务之一，酒店经理应负责并协同各部门，在日常管理中采取积极有效措施解决潜在的安全问题，以防患于未然。

7.1 安全工作，必须"零容忍"

酒店安全工作包括广义和狭义上的概念。狭义上的概念是客人的安全，客人安全是酒店安全工作的首要任务。根据国际酒店业的惯例，客人一经登记即表明酒店要正式对其在住店期间客房范围内的安全承担责任，既包括客人人身、财产等正当权益不受侵害，也包括在精神上、心理上不受伤害。广义上的安全工作除了客人安全，还包括员工安全和酒店财物安全。员工安全主要是指员工的人身、财产和健康安全；酒店财物安全泛指酒店拥有的一切财物的安全。

据此，可以总结出酒店安全工作的概念，具体如图 7-1 所示。

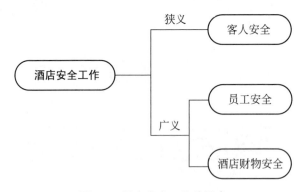

图 7-1　酒店安全工作的概念

一旦有安全事故发生，对酒店将会带来极大危害。这种危害不仅仅局限于事故本身所造成的损失，而是发生后一段时间内事故带来的多米诺骨牌效应。因此，酒店安全管理是全方位的，重要性不言而喻。然而，由于酒店安全的独特性，具有自身的特点，无形中为管理工作增加了难度。因此，对于酒店经理而言，在开展酒店安全工作时需要先了解酒店安全的特点。

（1）难度大，技巧性要求高

酒店对保障客人安全有一系列的管理制度，但很多需要客人的合作配合才能做到有效的实施，比如访客制度、防火制度等。酒店安全管理工作想要严格执行管理规章制度，又不引起客人的反感，就需要高超的服务技巧。比如，酒店的访客制度要求，访客到晚间规定时间仍逗留在客房，服务员应劝其离开或登记住宿，但有的客人认为是多此一举，妨碍人身自由。这种情况下，服务员要讲究服务技巧和语言艺术，做到既不伤害客人的自尊心，又保障客人的安全。

（2）安全性和协作性强

酒店安全不仅仅是客房部的工作，而且需要各部门管理者和所有员工共同努力来实现。客房部要和其他部门保持密切联系，共同做好酒店安全工作。

（3）对未来预防的要求较高

酒店安全工作要切实从客人的角度出发，从管理中的小事入手，做到防微杜渐。比如，客房设备用品的质量、摆放位置、坚固程度、电器的安全性能、卫生间的防滑措施等都是安全管理的内容。这些需要服务员在平时工作中细心观察，及时发现并消除隐患。

7.2 酒店经理安全管理的任务

（1）制订安全工作计划，确立安全管理制度

美国是世界上酒店业最发达的国家，根据其对所发生事故的基本原因的分析，认为 98% 的事故是可以避免的（至少理论上是可以的），只有 2% 是不能避免的。绝大部分事故通过安全工作计划、安全管理制度和加强员工安全意识是可以避免的。酒店安全管理的重要任务是制订具体、详尽的安全工作计划，其主要内容包括以下3 个方面，如图 7-2 所示。

图 7-2　酒店安全计划的内容

1）客人安全计划

酒店要在合理范围内使客人免遭人身伤害（如殴打、打劫、袭击等）和财务损失。主要包括人口控制（如闭路电视监控设备等），电梯控制，客房走道安全，酒店安全（门锁安全控制、电器设备安全、客房内有无安全问题的告示或须知），客人失物处理，行李保管，客人伤病处理等。

2）员工安全计划

员工安全计划包括员工安全工作守则、劳动保护措施，保护员工的个人财

物的安全，保护员工免受外来的侵袭等。

3）客房财产安全计划

客房是酒店建筑和设备的主体，是占有酒店相当比例的财产和物品，它们每天被员工、客人以及其他外来者接触和使用，这些财产和物品的偷盗和滥用将意味着酒店的损失。客房财产安全计划包括防火、防盗、防抢劫等。

计划的实施依赖于行之有效的管理制度，如客人住宿验证登记制度、钥匙管理制度、访客制度、情况报告制度、交接班制度、员工安全培训与考核制度和奖惩制度等。

（2）培养员工安全意识，落实安全责任制

酒店安全必须依靠全体员工的关心才能做到。全体员工要有安全保密意识，不得将客人的隐私和情况泄露给他人，不得与外人透露酒店安全预防措施的情况。管理人员应全力执行安全条例和管理制度，经常分析造成事故的人员、时间、地点等方面的原因，使员工增强安全意识，在员工之间和部门之间形成紧密联系的安全工作网络。

（3）强化客人安全意识

酒店方有责任为客人提供舒适、安全的住宿环境，但也要通过合适的途径和方法提醒客人对自身安全应负的责任，强化他们的安全意识。比如，饭店制作安全提示卡、安全宣传册和服务指南等，通过张贴或分发到客房，适时提醒客人要注意安全，增强其自身的安全防范意识，并告知客人服务电话和危机处理办法，使它们成为客人需要帮助或紧急求助时的好帮手；客房服务人员在服务过程中尊重客人，礼貌待人，让其在住宿期间找到"家"的感觉，从而使客人更好地配合饭店的安全管理工作；客房服务人员强化自身的服务意识，通过耐心细致、热情周到的服务，赢得客人的理解和支持，从而使其自觉遵守并执行酒店的安全管理制度和安全条例。

（4）加强日常安全检查督导

客房安全检查是为了防患于未然，通过安全检查，及时发现安全隐患和各种不安全因素，并及时采取措施。客房部的各级领导都要以不同的形式和方法履行安全检查的职责。

1）定期检查客房设施设备，保证其正常运转

客房部各级管理者在日常管理工作中，要做好安全巡视和安全检查工作，定期对楼层和客房内的安全装置进行检查，发现问题及时处理。此外，应重视客房设备管理，建立客房设备档案，针对设备的安全性能，制订设备保养条

例，定期进行检查维护，使其处于正常使用和工作的状态，并在此基础上及时做好设备的更新改造工作。

2）重视对员工的检查督导工作

持续的监督是保证客人及员工安全的必要措施。各级管理者应根据客房营业活动规律，科学安排督导的时间和地点，对员工的工作进行有效检查督导，及时发现和纠正员工的错误做法和不规范操作，提醒其因工作中的疏漏可能带来的安全问题，杜绝事故的发生。管理者的检查督导责任具体内容如表 7-1 所列。

表 7-1 管理者的检查督导责任

管理者的检查与督导责任	定期检查、保养设施设备，发现问题及时解决
	制订安全操作规范和必要的规章制度
	改善劳动环境，科学劳动分工，预防职业疾病
	加强对员工（特别是新员工）的安全意识、操作规范及安全要求的教育培训
	在日常管理过程中加强教育、检查和督导，纠正不正确的操作行为
	制订奖惩措施，严格执行，强化员工的安全意识和安全责任

7.3 安全事故类型与防范

安全事故根据引发事故的主体不同，可分为内部安全事故、外部安全事故和突发事件。内部安全事故是由于酒店服务人员或其他内部工作人员不遵守操作规程、粗心大意、精神不集中等原因引发的，给企业和宾客造成重大损失的事件；外部安全事故是外部人员，以不法手段潜入酒店，造成客人被盗、被抢或人身伤害的突发性事件；突发事件是指突然发生的，并且已经造成严重社会危害，需要立即采取应急处置措施加以制止的事情，从事件的性质上分，又可分为自然性突发事件与社会性突发事件。

根据统计，80%的安全事故都是由于员工不遵守操作规程、粗心大意、精神不集中造成的，只有 20%是设备原因所致。因此，所有员工在执行工作中，都必须有安全意识，防止事故的发生。

7.3.1 内部安全事故处理

服务员在进行客房服务过程中，由于不注意安全因素，时有工伤事故发生，造成宾客或员工自身的人身伤害，既损害了个人的身心健康，又影响酒店的声誉和经济利益。归纳起来，造成内部安全事故的原因主要有：

（1）员工的危险行为

员工的危险行为是造成事故的主要原因之一。如，服务员不按要求使用工具设备，不遵守劳动纪律，不按规定程序清扫等。

（2）工作环境存在潜在危险

工作环境中的潜在危险主要是设施设备。如，机械设备操作维护不当，电器设备绝缘性能差，卫生间地面、浴缸无防滑设施等。

（3）员工工作责任心不强

员工安全意识差，工作责任心不强，往往会给酒店带来巨大损失。比如，发现工作中的安全隐患不及时上报，不主动认真向客人说明电器设备使用的方法、注意事项等。这样的事情有很多，员工稍不注意就会造成安全问题。因此，经理有必要制订详细的安全操作须知，以供员工学习和参考。员工安全操作须知具体内容如表 7-2 所列。

表 7-2　员工安全操作须知

员工安全操作须知	正确着装，包括清洁时所需的护目镜及保护手套。员工制服不易过大、过长，必须选择具备防滑功能的工鞋
	长发必须整齐束在脑后，不应佩戴任何悬垂首饰或手链，避免首饰被钩住或卷入机器，引发危险
	在公共区域放置的工作车、吸尘器等设备，必须靠边放置。吸尘器用完后及时拔下插头，正确卷起电线，防止路人被电线绊倒
	工作期间内，不应在工作区域奔跑，避免摔倒或跌倒
	清洁地面时，即使地面潮湿并不严重或很快就会干，也必须使用"地面潮湿，小心地滑"的指示牌提醒路人。忘记使用指示牌，会给员工也会给客人带来潜在的危险
	员工运载物品必须使用袋子、篮子或手推车
	工作车或搁板上的物品不得堆放过高
	员工高处作业应使用梯架，必须由两名员工共同完成，一个梯上作业，一个扶住梯子，确保安全。不得利用浴缸、马桶等攀高
	员工操作时，避免用手去试探眼睛看不到的地方。针头、刀子、钉子及碎玻璃很容易陷落在沙发坐垫的缝隙中或靠墙的家具背后等隐蔽的地方
	为了防止意外割破或划伤，废弃的玻璃不应当和普通垃圾放在一起，而必须存放在一个单独且碎片等不易穿透的容器中

7.3.2　外部安全事故处理

酒店作为公共场所，具有人流量大、人员复杂、彼此不相识的特点，因而很容易被犯罪分子盯上，引发外部安全事故。对于类似的外部安全事故，最好的办法是尽快报警。

处理程序如下：

① 接到报失后，服务员应立即向客房部经理报告，由经理和大堂副理及保安部共同处理。

② 宾客反映客房失窃时，请客人仔细回忆丢失物品的详细情况，丢失物品原来放的位置，是否用过后存放在别处，或者不小心掉在什么地方。特别是细小的东西，很容易掉到枕头下、床底下、沙发底下或沙发接缝处等地方。

③ 在征得宾客同意的前提下帮助查找，不得擅自进房查找。如果确定找不到的话，要及时向上级管理人员汇报。

④ 如果是重大的失窃（价值较大），应立即保护现场，并报告公安部门，必要时要将宾客的外出、该房间的来访等情况提供给有关部门，协助调查处理。

⑤ 平时要做好防暴工作。防暴工作是指为了宾客人身财物安全，对需要保护的人员、特殊财物、特殊区域，如重要宾客、秘密文件、特殊设施、保密会议等的保卫工作，及对于企图破坏酒店或宾客安全的不安定分子进行警戒、防备、探察等积极的防范工作。

⑥ 特别注意形迹可疑的人。在服务过程中发现可疑的人要提高警惕，查明情况，一旦发现问题及时处理，并上报上级。这些可疑的行迹具体表现如表7-3 所列。

表 7-3　可疑行迹的表现

序号	可疑行迹的具体表现
1	拒绝打扫客房卫生
2	过分挂念酒店所保管物品
3	在走廊、客房附近徘徊或其他可疑行动
4	随处抽烟并窥视四周
5	在谈话中讲出非安定性言语
6	跟踪和尾随重要宾客

续表

序号	可疑行迹的具体表现
7	表情着急、不安、恐惧、彷徨等
8	长时间待在酒店角落、卫生间或频繁出入
9	对服务员无理取闹制造事端，以此引起众人注意

⑦ 注意可疑的行李和物品。服务人员要及时发现客人携带的可疑物品，如化学品、爆炸品等，以及一些可疑危险品的行李，比如体积较小显得很重的行李，外包装与内包物不符，拒绝交给服务台保管非要自己保管的行李。发现危险品或可疑危险品时，要及时处理并上报，具体的要领如表7-4所列。

表7-4　危险品或可疑危险品处理要领

序号	处理危险品或可疑危险品的要领
1	稳定持有人的情绪
2	不要直接触摸或打开
3	不得在酒店内随意移动
4	不得置于易引发爆炸的环境内
5	不得放置于可燃物附近
6	立即报告有关部门

7.3.3　突发事件处理

（1）自然灾害

自然灾害往往是不可预料和无法抗拒的，包括水灾、台风、地震、暴风雪等。酒店应针对所在地区的地理、水文、气候等特点，制订出本店预防和应对可能发生的自然灾害的安全计划。计划的内容应包括：

① 客房部及各工作岗位在发生自然灾害时的职责与具体任务。

② 应对自然灾害的设备与器材，并定期检查，以保证其处于完好的状态。

③ 发生自然灾害时的紧急疏散措施。

（2）突然停电

停电事故可能是外部供电系统引起，也可能是酒店内部设备发生故障引起。停电事故发生的可能性往往比其他自然灾害要高，有时也会给宾客带来麻烦，如宾客使用电脑、小保险柜时。应当配备紧急供电装置（如采取双路进电或自备发电机，保证在停电后能立即启动供电）或足够数量的应急灯。酒店还应制订应对停电事件的安全计划，使员工临场不乱、从容冷静，减少客人的不满或惊慌情绪。具体可以包括以下 6 方面内容。

① 预知停电时，可用书面通知方式告知住店宾客，以使宾客早做准备。

② 及时向宾客说明是停电事故以及事故原因，表明酒店正在采取紧急措施恢复供电，以免其惊慌失措。

③ 用应急灯照亮公共场所或无光亮区域，帮助滞留在走廊及电梯中的宾客回到房间或转移到安全的地方。

④ 在停电期间，所有员工要坚守岗位，注意安全检查，加强客房走道的巡视，防止有人趁机行窃和破坏。

⑤ 防止因宾客点燃蜡烛而引起火灾。

⑥ 供电后检查各客房是否安全。

7.3.4　其他事故处理

酒店安全事故中还有一些事故产生的原因是多方面的，可以将这些原因总结为 3 个方面。

（1）电器设备

电冰箱失控，食品变质。

电源线老化，导线外露，导致火灾或客人触电。

吊灯、顶灯罩安装不牢固，自然掉落砸伤客人。

（2）家居

坐便器安装不稳，使用时断裂。

沙发、椅腿或靠背突然折断。

地毯边卷起，绊倒客人。

卫生间热水温度应在 50～60℃，过高容易烫伤客人。

（3）其他

破损的餐、茶、酒具伤害客人。

电梯失灵、失控，夹伤客人等。

预防此类事故要加强对电器设备等的维护和保养，发现楼道或走廊地毯有凸起或卷边时，要及时拉平，各种电线、家具的问题在服务员打扫房间时应及时发现、及时维修，电器设备要经常调试，以防意外。

7.4 配置安全隐患防范和救助设备

（1）电视监控系统

电视监控系统由摄像机、录像机、手动图像切换器、电视屏幕等组成。对建立客房服务中心的酒店来讲，电视监控系统是必备的设施设备。客房区域一般在楼层出入口处、电梯内、走廊等地方安装监控探头，监视这些难以掌控和容易发生偷盗事件的场所，如果发现可疑目标或不正常现象，可以及时采取措施，从而给客房区域的安全带来更有效的保证。

（2）钥匙系统

周密的钥匙系统是酒店最基本的安全设备。目前，大多数的酒店都采用可编程的电子钥匙卡系统，并与酒店其他系统协作或联网，使住店客人感到舒适、方便和安全。这种门锁系统的核心是安装在房门中的微处理器，这种"钥匙"便于控制，难以仿制，而且此系统还具有监控功能，管理人员通过检查门锁系统，可以得到一段时间内所有进入该客房的记录。当然，作为"钥匙系统"，及时更新和升级，确保系统安全是十分必要的。

随着科技的发展，利用指纹、手掌等生理特征作为开启门锁信息的生物鉴别系统门锁，将给宾客带来更方便、更安全的入住感受。

（3）客房内安全设施与用品

① 房门安全装置：客房房门安装窥视镜（猫眼）和安全链（安全环）以及双锁，门后张贴安全疏散图，告知客人所在的位置及安全疏散的方向和路径。

② 消防设备：房内天花板上设有烟感报警器（简称烟感）和温感喷淋头（简称花洒），供报警和自动灭火之用。

③ 保险箱：一般放在客房壁橱内，供客人存取贵重物品，保证客人的财物安全。

④ 安全报警及呼救设施：酒店为防止意外事件发生，一般安装在床头柜和卫生间靠近浴缸处，供客人发生意外时紧急呼救使用。另外，有的酒店还在阳台门上面安装报警装置，以方便客人及时报警求助。

⑤ 手电筒等用品：当发生意外事件时如停电、火灾时，可供客人使用。

（4）楼层的消防报警和灭火设备

酒店消防报警系统分为自动报警系统和手动报警系统。自动报警系统由火灾探测器和自动报警控制器组成。火灾探测器分为感温式和感烟式两种，一般安装在楼层的天花板上。手动报警系统通过手动报警装置发生作用，它一般安装在每层楼的进口处或楼层服务台附近，当火情发生时，可以立即打开玻璃压盖或打碎玻璃实施报警。

附表：酒店安全管理所涉及表单

附表 7-1　设备维修登记表

编号：　　　　　　　　　　　　　　　　　　填表日期：　年　月　日

设备编号			设备名称			
所属部门			型号			
维修原因						
设备维修登记						

序号	维修项目	维修内容	日期		维修成本			维修人员
			起始	终止	工时	配件	材料	
1								
2								
3								
……								
审核人			审核日期			年　　月　　日		

附表 7-2　设备保养登记表

编号：　　　　　　　　　　　　　　　　　　填表日期：　年　月　日

设备编号			设备名称		
型号			所属部门		
负责人			月份		
设备保养登记					

保养项目	1	2	3	4	5	6	7	8	…	25	26	27	28	29	30	31
内部清洗																
疏通管道																

续表

保养项目	1	2	3	4	5	6	7	8	…	25	26	27	28	29	30	31
调整配备间隙																
局部解体检查																
清理或更换磨损部件																
恢复局部工作精度																
异常情况说明																
主管定期审查																

附表 7-3 设备设施报废审批表

编号：　　　　　　　　　　　　　　　　　　　　　填表日期：　　年　　月　　日

设备编号		设备名称	
所属部门		计提折旧	
设备使用年限		净残值	
已使用年限		处理方式	
报废说明			
专家组鉴定意见			年　月　日
部门主管审核 签字：　　　　　　　　年　月　日		财务部门审核 签字：　　　　　　　　年　月　日	

附表 7-4 设备设施报废标准

编号：　　　　　　　　　　　　　　　　　　　　　填表日期：　　年　　月　　日

序号	设备设施报废标准	设备是否达到本标准	
1	达到或超过使用年限可提出报废申请	□是	□否
2	因使用过程中的自然磨损，造成设备、部件同步老化，致使事故发生频繁，无法继续使用；重大、关键部件损坏，严重影响工作质量，而且无法修复，可申请报废	□是	□否
3	因突发事件(如爆炸、腐蚀、火烧等)造成部件严重损坏，无法修复或维修费用接近或超过同等效能价值的设备设施，可申请报废	□是	□否
4	因科技进步，原设备功能过低，无法满足工作需要，且无法或不适合继续使用，可申请报废	□是	□否
鉴定意见			签字：

附表 7-5　设备设施报废登记表

使用部门：　　　　　　　　　　　　　　　　填表日期：　年　月　日

序号	设备名称	设备编号	型号规格	报废原因	计提折旧	报废处理方式
1						
2						
3						
……						
审核人				审核日期	年　月　日	

附表 7-6　工程维修计划表

编号：　　　　　　　　　　　　　　　　　　填表日期：　年　月　日

项目信息	项目名称				所属部门		
	施工单位				联系方式		
施工安排	维修内容	时间安排		总计天数	费用预算		负责人
		开始	结束		材料费	人工费	
				费用预算合计			
				材料费	人工费		
审核人				审核日期	年　月　日		

附表 7-7　工程维修预算表

编号：　　　　　　　　　　　　　　　　　　填表日期：　年　月　日

编修项目名称							
施工单位				项目负责人			
维修项目预算明细	维修项目内容	材料成本				人工成本	
		材料名称	单价	数量	总价	用工人数	人工费
		材料成本合计				人工成本合计	
审核人				审核日期			

附表 7-8　工程维修验收表

编号：　　　　　　　　　　　　　　　　　　　　填表日期：　　年　月　日

项目名称		部门	
施工单位		负责人	
施工日期	年　月　日～　年　月　日		
验收标准			
验收意见	验收人签字：　　　　　　　　　　　　　　　　年　月　日		
审核	验收人签字：　　　　　　　　　　　　　　　　年　月　日		

附表 7-9　客房设备档案表

楼层：　　　　编号：　　　　　　　　　　　　填表日期：　　年　月　日

房间号码		级别		设备总数			
客房设备摆放明细							
区域	位置	设备名称	设备编号	规格	数量	启用时间	维修次数
以往设备维修部位及故障原因说明							
客房部主管签字			客房部领班签字				

附表 7-10　客房设备报修表

编号：　　　　　　　　　　　　　　　　　　　　填表日期：　　年　月　日

楼层		房间号码		客房级别		
报修时间		客房领班		当班服务员		
设备报修明细						
区域	设备名称	规格	数量	设备故障表现	备注	
故障已知原因说明						
客房部主管签字			客房部领班签字			

附表 7-11　设备维修记录表

编号：　　　　　　　　　　　　　　　　　　　　填表日期：　年　月　日

楼层		房间号码		客房级别	
报修时间		客房部领班		当班服务员	
设备编号			检修时间		
检修前设备情况		检修人：　　　　　使用人： 日期：　年　月　日			
检修内容		检修人：　　　　　使用人： 日期：　年　月　日			
检修后设备情况		检修人：　　　　　使用人： 日期：　年　月　日			

附表 7-12　客房安全检查表

编号：　　　　　　　　　　　　　　　　　　　　填表日期：　年　月　日

客房安全项目	安全检查明细	检查结果	检查地点
员工消防知识		□会　　　□不会	客房楼层
电气安全		□是　　　□否	
消防设备		□有　　　□无	客房公共区域
消防器材		□是　　　□否	
安全通道与出口		□有　　　□无	
检查结果			
整改方案			
客房部主管意见		检查人签字	
客房部经理签字		保安部经理签字	

附表 7-13　客房防盗检查表

编号：　　　　　　　　　　　　　　　　　　　　填表日期：　年　月　日

客房防盗项目	防盗检查明细	检查结果	检查地点
对客人的管理		□合格　　□不合格	客房楼层
可疑和异常情况 及时处理		□合格　　□不合格	客房公共区域
对客房部员工管理		□合格　　□不合格	
客房部库房的防盗		□合格　　□不合格	
检查结果			
整改方案			
客房部主管意见		检查人签字	
客房部经理签字		保安部经理签字	

第 8 章

酒店营销管理

　　虽然酒店大多数时候是被动为客人提供服务，但营销工作同样不可忽视。因为一个酒店要想获得消费者认可，取得良好的经济效益，必须积极主动地将自己的经营理念、企业文化、产品或服务优势传递给市场，传递给消费者，而这一切都是以市场营销为基础的。

8.1 营销工作，将酒店推向更大市场的推手

现代企业如果不积极开展营销工作，主动地参与市场竞争，推销自己，扩大曝光度，那么在很短的时间内就有可能被市场吞没。酒店服务业，虽然大多数时候是被动为客人提供服务的一种行业，但营销工作同样不可忽视。因为一个酒店要想获得消费者认可，取得良好的经济效益，必须积极主动地将自己的经营理念、企业文化、产品或服务优势传递给市场，传递给消费者，而这一切都是以市场营销为基础的。

酒店营销始于提供产品和服务之前，以宾客需要和促进酒店客源增长为基准，是致力于开发酒店市场潜力、增进酒店收益、实现其预设的经营目标而进行的一系列行为。该行为涉及面很广，贯穿从酒店流通到宾客产品提供的整个流程。

酒店业属于典型的服务性行业，在提供餐饮、客房等有形产品的同时，也在提供着一种更为重要的无形产品，那就是服务。因此，酒店的营销也带有浓重的服务色彩，是一种服务性营销。换句话说，所有的营销工作都必须围绕服务进行，以提高客人的服务体验为根本目的。

案例 1

每当有客人走进全聚德，就能从古老风味的建筑和百年老店的历史中感受到它的魅力。全聚德是北京当地一家富有特色的老店，享誉中外，而这不仅仅是因为美味佳肴，更因为它有符合市场需求和消费者需求的营销策略。

比如，某个消费者对北京烤鸭制作很好奇，便能从透明的厨房看得一清二楚；比如，有的是消费者就餐后，想能向他人证实自己吃过正宗的北京烤鸭，于是便可得到一张标记"第×××只烤鸭"的纪念卡；比如，如果想买只送人，便可得到在鸭胚上写着自己指定祝福字词的绝佳礼品。

为了便于客人口口相传，全聚德进行了多方面的创新，可以说，只要客人能想到的，全聚德都做到了，客人没能想到的也做到了。

全聚德能将现代营销技巧活学活用，在于他们真正理解了一切都是为了满足客人的需要，并借助品牌做营销。

在营销渠道上下功夫，一切都是为了消费者的口碑传播，这也是全聚德客

人盈门，声名远扬的主要原因。与其他行业的营销相比，酒店服务营销有着自己的特点，这是酒店经理在开展营销工作时需要特别注意的。

酒店营销的特殊性主要体现在以下 4 个方面，如图 8-1 所示。

（1）供求的分散性

酒店营销主要是推销其餐饮或服务，而这两个"产品"的供求比较分散。在供应方面，按照行业竞争性原则，酒店的分布往往不能过于集中，在需求方面也是多样化的，正所谓众口难调。因此，很难见到过于类似的酒店，酒店间要么餐饮风味不同，要么服务方式不同。这无形扩大了消费需求上的差异，增加了营销工作的难度。

图 8-1　酒店营销的特殊性

（2）营销方式的单一性

在很多行业的营销中，营销方式是多种多样的，有经销、代理，也有直销。而酒店营销则不同，由于生产与消费的统一性，决定了其只能采取直销方式，中间商是不可能介入的，储存待售也不可能。

酒店服务营销方式的单一性、直接性在一定程度上限制了服务市场规模的扩大，也限制了服务业在许多市场上出售自己的服务产品，这给餐饮服务产品的推广带来了困难。

（3）营销对象的不确定性

酒店服务的消费者是不确定的，是多元、广泛而且复杂的。购买服务的消费者的购买动机和目的各异，某一酒店餐饮服务产品的购买者可能牵涉社会各行各业不同类型的家庭和不同身份的个人。

（4）对服务人员的要求较高

酒店服务的营销人员主体就是服务人员。服务人员在向客人提供酒店餐饮服务的同时，也在推广着服务。从这个角度看，酒店营销人员必须具有极强的服务意识和服务能力，技术、技能、技艺直接关系着酒店餐饮服务质量。消费者对各种餐饮服务产品的质量要求也就是对服务人员的技术、技能、技艺的要求。所以，对酒店餐饮服务人员的服务质量要求做到没有最好只有更好，酒店餐饮服务营销的竞争就是服务质量的竞争。

8.2 酒店营销管理主要内容

　　营销是促使商品交易成功的一系列活动的总和，包括产品、价格、促销、渠道、品牌包装、营销策略制订以及相关战略设计等。酒店营销是建立在上述基础上的，在尊重和满足客人需求的前提下，利用酒店现有的和可调动的一切资源，按照一定原则、程序和方法，对人力、物力、财力及其经营活动过程进行有效的计划、组织、指挥、监督和协调，以保证酒店经营活动的顺利进行，以最少的付出换取最大经济效益的活动过程。

　　总之，营销必须作为酒店一项长期、长远的规划来做，真正重视起来。那么，酒店营销管理主要包括哪些呢？ 具体如表 8-1 所列。

表 8-1　酒店营销管理的内容

项目	内容
市场研究	从客人需求出发，对客人的餐饮需求进行市场调研，选定目标市场，了解作为目标市场的客人需要什么样的餐饮产品和服务
产品组合	根据客人需要，提供能使客人满意的产品和服务
制订营销战略	使用各种营销方法和手段，将酒店产品和服务情况告知客人，使其全方位了解和掌握，以便客户根据自己的需求做出合理选择
分析营销结果	对营销结果进行分析和总结，辅助酒店经营目标得以实现，或为酒店未来的工作提供经验和依据

8.3 酒店经理的营销职责

8.3.1　研究、抓住消费者核心需求

　　酒店经理的营销工作从市场出发，研究市场需求，抓住消费者核心需求；根据需求制订产品组合，制订营销战略；同时采用一定的方法，通过营销渠道辅助产品走向市场，以被消费者熟知、认可和接受。

　　消费需求指的是消费者的消费欲望、愿望和要求，或者说生理和心理上的匮乏状态，即缺少些什么，并由此而产生想获得它们的状态。同理，酒店消费需求是指消费者对于餐饮产品和服务的愿望与要求。

消费需求具有多样性,不同性别、地区、职业、年龄的消费者,有着不一样的消费需求;同一消费者在不同时段也有着不同的消费需求。消费需求从整体来讲可分为两大部分,分别为生理需求与心理需求。其中生理需求包含营养健康需求、品尝风味需求、卫生安全需求;心理需求包含感受欢迎需求、被尊重需求、满足舒适需求、感觉"值得"需求、获得愉悦需求。客人消费需求的类型如图 8-2 所示。

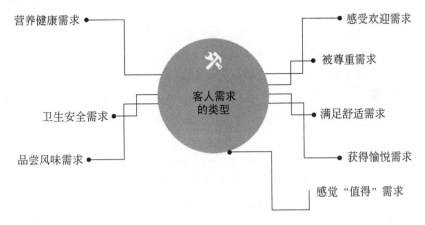

营养健康需求

卫生安全需求

品尝风味需求

客人需求的类型

感受欢迎需求

被尊重需求

满足舒适需求

获得愉悦需求

感觉"值得"需求

图 8-2 客人消费需求的类型

(1) 生理需求

1) 营养健康需求

随着消费者消费观念的转变,人们更多地关注营养与健康,在餐饮方面的需求也越来越注重营养、健康,注重食品是否绿色、健康,是否符合营养学要求,这已经逐渐成为全民的共识。因此,营养健康需求是人们对酒店的基本要求,也是为自己身体健康考虑的出发点。

2) 卫生安全需求

卫生安全是人们在就餐时另一个重点需求,也符合马斯洛需要层次理论中的安全需求。随着"地沟油"事件、"勾兑酒"事件、"三聚氰胺"事件等食品安全问题事件的频发,食品是否卫生,越来越成为人们关注的焦点与热点。因此,人们对餐饮消费的需求也包括卫生安全需求,这也是酒店的基本底线。

3) 品尝风味需求

随着人们生活水平的日益提高,大部分地区和城市的温饱早已不是问题,越来越多的人喜欢追求特色餐饮产品,想品尝到不一样的风味。尤其是在旅游业迅猛发展的今天,人们都会充分利用假期出门旅游,其中品尝当地的特色风味就是最为主要的一项内容。

（2）心理需求

生理需求更多注重酒店提供产品的质量，这也是酒店产品满足客人需求的基本要求。从另一个角度看，满足客人需求也需要着眼于心理需求，因为随着人们消费理念的转变，更加关注酒店的内在，比如，环境、服务态度、服务专业度等。

1）感受欢迎需求

每个客人都希望自己在进入酒店的时候能够受到欢迎，不一定是对待上帝般的欢迎，至少应该是受到热情的接待，感到自己是受欢迎的。

2）被尊重需求

尊重需求是马斯洛需要层次理论中的一个较为高级的需求。在酒店就餐时，在确保安全健康的前提下，客人希望自己得到尊重，满足自己的心理需求。

3）满足舒适需求

享受酒店服务，无论是就餐还是住宿，都对环境有很高的要求，希望服务周到温暖，体验性好。因此，酒店要尽量满足客人的需求，让客人感受到就餐是一件非常美好的事情，是一种享受。

4）感觉"值得"需求

每个人都希望自己的购买是物有所值，更希望物超所值。因此，酒店要在质量和服务上与消费者的购买预期相当或者超过消费者的消费预期，这样才能有回头客。

5）获得愉悦需求

这是较高层次的需求，是在前面相关需求得到满足的前提下才能实现的。因此，酒店只有满足消费者前面的相关需求，才能使客人获得愉悦与享受。

8.3.2　打造符合消费群体的产品组合

产品组合，顾名思义就是将多个产品集合在一起，但好的产品组合并不是简单的集合，它需要采用一定的原则和谋略。产品组合必须面向目标受众群体，对生产经营的多种产品进行最佳的组合，达到使产品组合广度、深度及关联性处于最佳结构的目的，最大限度提高企业竞争能力和取得最好经济效益。

根据大部分酒店针对的目标客户群体，一般可将产品划分为以下 6 个产品组合，如图 8-3 所示。

（1）出差一族：方便、快捷的产品组合

当今这个快节奏、高效率的时代，促使越来越多的人群成为快餐的消费

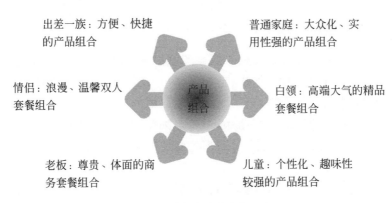

出差一族：方便、快捷
的产品组合

普通家庭：大众化、实
用性强的产品组合

情侣：浪漫、温馨双人
套餐组合

白领：高端大气的精品
套餐组合

老板：尊贵、体面的商
务套餐组合

儿童：个性化、趣味性
较强的产品组合

图 8-3　酒店产品的产品组合

群体。出差一族在住宿上的消费倾向以经济便宜、舒适有情调为主，在就餐上的消费倾向以味美、便捷为主。即打造的产品组合既要经济实用，又要方便快捷。

（2）普通家庭：大众化、实用性强的产品组合

随着社会人均收入水平的提高、消费观念的更新以及带薪节假日的增多，越来越多的家庭走进了餐馆和酒楼。家庭外出就餐的比例增多，大众化成为目前我国餐饮市场的主流。在这种情形下，酒店行业涌现出越来越多的大众化餐厅，以满足广大消费者，尤其是家庭消费的需求。

（3）白领：高端、大气的精品套餐组合

白领通常衣着整洁，表现自信，稳定的收入使他们衣食无忧。因此，他们首选装修格调高雅、便于与朋友推杯换盏的情调餐厅。

（4）儿童：个性化、趣味性较强的产品组合

因为儿童有好新奇、不断接受外界新事物的心理特点，只要是有新意、有创意、有吸引力的美食，不拘中式或西式，孩子们都一样喜欢。可以说，儿童是一个庞大的消费群体。这个消费群体天真烂漫，心理需求直接而又简单，只要让他们觉得"好玩又好吃"，就会"勇往直前"。

（5）老板：尊贵、体面的商务套餐组合

老板一般都选择内部装修豪华、典雅，菜点名贵精细，菜品制作精美，餐具餐桌讲究的豪华餐厅，有的连卫生间里都有电视、香水、梳子、消毒毛巾和日常用品。这样一来，这些老板会感觉自己特有面子，特有成就感。

（6）情侣：浪漫、温馨双人套餐组合

情侣进餐厅后，都希望在相对而坐的默契中，获得一种恬静和温馨的氛围，都希望边吃餐点、边饮酒水，边听音乐、边聊心事，都喜欢情意绵绵、浪漫至极的温馨环境和浪漫情调。因此，餐饮企业为了填补这一空当，纷纷另辟赚钱门道，广开生财之路，而情侣消费便成为它们心目中的一条金光大道。特别是在娱乐和餐饮业方面，爱情更是餐饮企业做文章的最好主题。

8.3.3　制订具体的市场营销战略

酒店市场营销战略是指酒店为实现其经营目标，对一定时期内餐饮市场发展的总体设想和规划，是酒店管理与运营过程中不可或缺的一部分，目的是为了谋求长远的发展。

8.3.3.1　酒店营销战略内容

酒店营销战略内容一般包括战略任务、战略目标、战略重点以及战略措施等。

（1）战略任务

战略任务是指在一定时期内，酒店市场营销工作服务的对象、项目和预期要达到的目的。酒店的战略任务通过规定酒店的业务活动领域和经营范围表现出来，包括餐饮服务方面，即为哪些购买者提供餐饮服务；产品结构包括产品质量结构、品种结构、档次结构，即拿什么来为购买者提供服务；餐饮服务项目，即为购买者提供哪些方面的餐饮服务；餐饮市场范围，即酒店服务的市场有多大。

（2）战略目标

战略目标是酒店在较长时期内预期达到的目标，是酒店战略任务的具体化，反映着酒店在较长时期内生产技术发展的水平和营销管理的完善程度。酒店的营销战略目标是一个综合的或多元的目标体系，具体包括 4 方面的内容，如表 8-2 所列。

表 8-2　酒店战略目标体系

目标	内容
市场目标	即酒店在市场上竞争能力的提高程度，包括酒店内在力量的提高程度和信誉的提高程度。竞争能力的提高指标具体表现为传统市场的渗透和新市场的开拓，市场占有率、销售增长率的提高等

续表

目标	内容
发展目标	即酒店能力和规模的扩大程度。具体表现为商品和服务的创新能力、经营管理水平的提高程度以及酒店的发展、专业化协作而使酒店规模扩大的程度等
利益目标	即酒店预订要取得的经济利益。具体表现为利润总额的扩大和资金利润率的提高程度、员工收入增长程度以及职工心理需要的满足程度
贡献目标	即酒店的营销活动对社会做出的贡献状况。具体表现为向社会提供的商品或服务的数量和质量、上交国家税金的数额、自然资源的利用程度、环境保护的状况以及为社会的政治安定和生活提高所做的其他贡献等

（3）战略重点

战略重点是指对酒店实现战略目标具有决定意义的工作、措施和环节，是酒店市场营销的主攻方向。

（4）战略措施

战略措施是指酒店为实现战略目标而采取的长期、重大的对策和措施。酒店在实现战略目标的过程中，会遇到各种机会、威胁和风险。为了充分利用市场机会，避免市场威胁和减少市场风险，必须制订相应的办法和措施。

（5）战略步骤

战略步骤是指实现战略目标的时间安排，它是根据酒店营销客观进程制订的。首先按照预定的总目标提出分阶段的目标要求，然后根据这些阶段目标确定战略步骤。

8.3.3.2　酒店营销战略类型

酒店营销战略根据划分标准的不同，可划分为多个类型，具体来讲有 3 个划分标准，分别为内容标准、层次标准和实施过程标准，具体如图 8-4 所示。

（1）按营销战略内容划分

按营销战略的内容划分可分为市场选择战略、市场竞争战略和市场发展战略。

1）市场选择战略

任何酒店都不可能满足整个市场的全部需求，因而必须通过市场细分，选择自己的目标市场。目标市场的选择关系到酒店的投资方向和投资规模，因而在酒店营销活动一开始就必须明确，并随着营销活动的开展做出适当的修正和

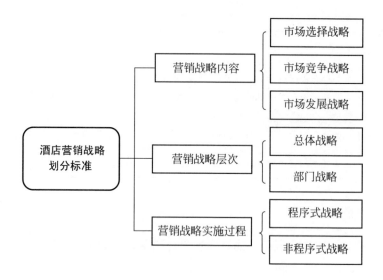

图 8-4　酒店营销战略类型

市场选择战略的调整，确定酒店服务方向。

2）市场竞争战略

只要存在市场经济，就必然存在竞争。它贯穿于酒店营销活动的一切方面。因此，竞争战略包含着广泛的内容，既有竞争手段方面的，又有竞争方向方面的。不同类型酒店所处的竞争地位不同，因而应采用不同的竞争战略。市场竞争战略是保证酒店在激烈的市场竞争中取得主动权的战略。

3）市场发展战略

酒店要在激烈的市场竞争中取得优势地位，提高自己的声誉和知名度，必须不断扩大规模，因而必须认真选择自己的发展战略。市场发展战略包括两个部分：发展方向战略和发展方式战略。

（2）按营销战略层次划分

可以分为总体战略和部门战略。总体战略是整个酒店的营销战略，它从酒店全局的利益出发，考虑酒店的长期发展。部门战略是酒店各分店的战略，是根据总体战略的要求制订的，是一种执行性的战略，但每个分店的战略又要考虑各自的特点。

（3）按营销战略实施过程划分

按营销战略实施过程划分可以分为程序式战略和非程序式战略。程序式战略是按系统的程序和逻辑的方法制订的战略。但是，由于营销战略的内容复杂、环境多变，有些因素有很大的不确定性，在这种情况下，无法按照既定的程序和方法进行,而只能通过酒店领导者的经验、渊博的知识、敏锐的洞察力和活跃的逻辑思维来制订,这称之为非程序性或非规范性战略。为了防止仅靠经验造成偏差,目前在制订战略中大都采用一套科学的程序,以提高战略的可行性。

8.3.3.3 酒店营销战略的制订和实施

酒店市场营销战略的制订和实施必须遵循严格的程序,按照要求进行。其流程具体如图 8-5 所示。

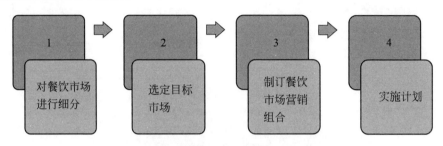

图 8-5 酒店市场营销战略的制订和实施程序

(1)对餐饮市场进行细分

一般来说,根据酒店自身的资源及能力,先确定一个大致的商圈,列出该圈内所有现存和潜在的消费者的需求,针对不同消费群体的分析,结合自己的经验,判断、分析可能存在的市场。

确定在细分市场时所应考虑的因素,删除那些对各个市场都重要的因素,确定那些能代表该细分市场特质的因素;确定这些市场的名称,并进一步了解各个细分市场的需求和购买行为,把各个细分市场消费者人口地理分布和消费特征联合起来分析该细分市场的规模。

(2)选定目标市场

目标市场的选定和餐饮市场营销的组合是餐饮市场营销战略的两个相互联系的核心部分。选定目标市场就是在上述细分的市场中决定酒店要进入的市场,回答客人是谁,产品向谁诉求的问题。即使是一个规模巨大的酒店也难以满足所有的市场,因此,酒店经理必须有明确的目标市场,对于每一款餐饮产品都必须有明确的诉求,有明确的消费群体。

(3)制订餐饮市场营销组合

目标市场一旦明确,就要考虑如何进入该市场,并满足其市场需求。而那就需要有机地组合产品、价格、渠道、促销等因素，但千万不要是几种组合因素的简单相加。

酒店经理在进行营销组合时必须突出与竞争对手的差异、独特之处。在营销过程中各营销组合因素必须相互协调，充分发挥自身优势，根据不同的产品，制订不同的价格，选择不同的渠道，采取不同的营销手段，推出有特色的、新颖的菜品和饮品。

（4）实施计划

在市场营销战略的实施过程中，首先须按预先制订的策略有序地执行餐饮市场营销战略，即把营销战略由理论落实到实际行动中。

为了保证落到实处，执行中需要做好三项工作，如图8-6所示。

制订配套策略，主要包括产品策略、价格策略、销售策略、促销策略等及其组合	搞好相应的组织建设，建立相应的组织机构，落实责任制，取得员工的理解使其努力执行	制订战略实施计划，确定具体的项目、步骤、措施和时间安排

图 8-6　酒店营销战略实施关键

酒店的营销活动只有按照事先拟定好的营销计划有序地进行，才有可能实现营销目标。为此，酒店经理也有必要对酒店营销活动进行控制，并在必要的时候对预先拟定的策略加以调整。

控制的内容包括三个方面：一是目标控制，即根据营销战略规定的长远目标和阶段目标，控制其实现目标的状况；二是进度控制，即根据战略计划的要求，控制其不同阶段的实现进度，从而保证营销战略的最终实现；三是重大问题控制，通过对重大问题的控制，及时发现在执行战略中出现的新的机会或障碍，以便利用机会，减少障碍。

8.4　酒店营销技巧

8.4.1　品牌营销

营销工作需要辛辛苦苦，一步一个脚印地去做，但很多时候也是需要技巧辅助的。技巧可使工作更简单、更高效，更容易被客人所接受。酒店营销技巧可分为两个部分，一个属于传统营销领域，另一个属于网络营销领域，尤其是后者已经成为现代酒店必不可少的营销管理内容。

品牌对产品价值的作用，在于大幅提高其附加价值，影响消费者心理，在消费者头脑中建立起难以磨灭的理念和文化影响力。品牌的力量是无形的，经济价值非常大。它通常是指用抽象化的、特有的、能识别的心理概念来表现其差异性，从而在人们的意识当中占据一定位置的综合反映。

酒店产品作为一种特殊产品，酒店经理也需要做好品牌塑造，以加大自身的知名度和美誉度，为营销服务。酒店经理该如何塑造酒店自身的良好品牌形象，具体可从以下 4 点做起，如图 8-7 所示。

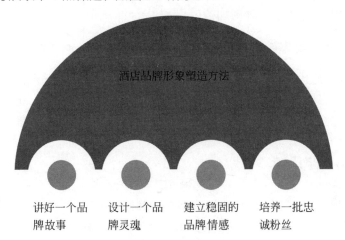

图 8-7　酒店品牌形象塑造方法

（1）讲好一个品牌故事

如果我们研究一些名人，就会发现想起这些名人时，就会想起那些故事。创造故事，是为品牌建立联想的有效方式。为了更好地制造故事，一些餐厅成立了专门的故事制造部门、新闻中心。在有的餐厅，故事是这样制造出来的：新闻中心在每个月会给各个区域下达一定的指标，每月上交一定数量的有关服务、品牌形象等方面的故事素材，当然这些材料必须是完全真实的；然后由新闻中心进行细心的整理，寻找出其中有价值的文章，写成新闻稿，联系各媒体发布。

（2）设计一个品牌灵魂

为品牌设计一个灵魂人物是一种高明的传播策略。因为灵魂人物使品牌有了更多的宣传机会，比如新闻报道、人物专访等。在我们做出购买决策时，这个人会为品牌的主张扮演一种再支持和再保证的角色，使消费者将对品牌人物，或是经营者的信赖转移到品牌中，从而形成购买动力。例如微软的比尔·盖茨、海尔的张瑞敏、联想的柳传志、春兰的陶建幸等。

（3）建立稳固的品牌情感

除了具体陈述消费的理由，在传播的过程中更要去塑造一种感染力即品牌情感。就像主打商务社交的星巴克，在互联网深入人心、移动社交产品大行其道的大趋势下，星巴克积极拥抱互联网，体现出一种对年轻消费者的终极关怀，并且在不同的媒体上以一致的理念进行传播，创造出一种品牌情感，拉近了消费者与咖啡的距离，使得消费者在线上线下消费时，都能得到良好的体验，获得除喝咖啡外的一种附加价值。

（4）培养一批忠诚粉丝

在互联网时代，粉丝是一个品牌最强有力的推动者，很多品牌的传播都依赖于粉丝的口碑，一些最佳的传播机会通常来自最忠诚的粉丝，他们利用自己的人际影响力、个人渠道进行免费传播，为品牌的建立奠定了基础。

8.4.2 广告营销

"酒香不怕巷子深"这句古语所存在的局限性，已经被越来越多的人所认识。在餐饮营销中，广告是必不可少的重要手段。广告营销是酒店常用的营销手段。酒店业的广告一般可分为传统广告和网络广告。

传统广告包括电视广告、电台广告、报纸杂志刊物广告、酒店内部宣传品、邮寄广告、其他印刷品与出版物上的广告、户外广告，网络广告包括 PC（Personal Computer 的简称，即个人计算机）端网络广告和移动端网络广告等。

传统广告对于很多酒店来说，做得已经非常完善和到位，而在 PC 端和移动端的互联网广告方面还比较欠缺，需要特别重视起来。因为这是一个网络无处不在的时代，海量客户资源都集中在电脑、智能手机端。作为现代酒店如果在这方面缺乏足够的宣传和推广，势必会失去一大批潜在客户。

因此，接下来就重点阐述一下酒店经理如何做好移动互联网广告。移动互联网广告主要有 6 大类，如图 8-8 所示。

（1）原生广告

原生广告（Native Advertising），是最近几年在新媒体上经常看到的一种

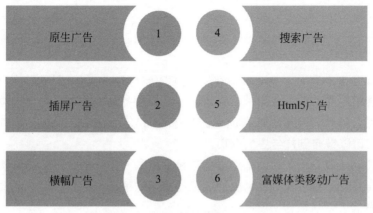

图 8-8　移动互联网广告 6 种类型

广告形式，比如，微信朋友圈，微博，各大新闻、社交平台中出现的文字、图片、视频等广告。这种广告形式属于一种植入广告，但又不同于那些硬性的植入广告，既没有明显的植入印迹，又不破坏用户体验。

原生广告是广告家族的"新成员"，2012 年第一次被提出，很快适应了移动端，得到了快速发展。所谓原生广告，我们用一句话总结：原生广告通过和谐的内容呈现品牌信息，不破坏用户的体验，为用户提供有价值的信息，让用户自然地接受信息。

根据其表现出来的特征也可以这样总结：泛指出现在某一特定平台，且只适合于该平台的一种广告形式，具有唯一性和特定性。比如一个广告出现在了今日头条上，也只适合在今日头条推广和展示；出现在了 facebook 上，就不可能再适合微信、微博等其他平台。

原生广告核心是信息流，通过在某平台中的信息流中发布具有相关性的内容，来为用户提供有价值的信息，让用户自然地接受广告所传播的信息。换句话说，原生广告把广告内容化，通过精准投放实现"广告是一条有价值的信息"的效果，这与以往赤裸裸的硬广告有根本的区别，这也是原生广告的最大优势。

（2）插屏广告

插屏广告（Interstitial Advertising），是移动广告的一种主流形式，效果类似于电视、PC 端视频的插播广告，大多出现在开头、中间和结尾等部分，持续时间短则几秒，长则一分多钟，对观看者具有强烈的视觉冲击效果。

插屏广告已经是移动广告平台最火的广告形式，尤其是在各类 App 中，视频播放前、暂停、退出时就会以半屏或全屏的形式弹出。这种例子也非常常见，在打开一个 App，或观看一段视频前，各式各样的广告就会"霸气"出现。

（3）横幅广告

横幅广告（Banner Advertising），又称旗帜广告，在 PC 时代以门户网站为主，是最常见的广告形式之一。常常以一条横幅的形式展现，它是横跨于网页上的矩形公告牌，经常出现在网站的顶部或底部。当用户点击这些横幅的时候，通常可以链接到广告主的网页。

在移动互联网时代，横幅广告也是最常用的一种形式，只不过放置的位置从网站转移到了移动端，经常出现在移动应用的顶部或底部，其中最具代表性的就是微信公众号广告。

微信公众号广告由广告主在微信公众平台上发布，"广告主"是微信公众平台上的一个广告发布功能，是微信联合广点通共同推出的，为推广商品或品牌而做的一项服务，用以帮助运营者在公众号上进一步宣传自己。

不过，发布微信公众号广告是有条件限制的，并不是所有的微信公众平台运营者都可以成为广告主。在广告投放之前，需要先认证微信公众号，申请开通投放服务，同时发布原创文章也要达到一定的数量，然后才能拥有广告主资格。

横幅广告从表现形式上可分为静态横幅和动态横幅，但无论是静态的还是动态的都可以通过"点击"展示更多的内容。"点击"也是横幅广告较之其他广告形式最大的区别，它不仅可以单纯传递信息，还可以很好地唤起用户进一步了解的欲望。通过点击能够产生流量和销量，这是最符合市场营销的目标导向。

值得注意的是，横幅广告对尺寸有严格的限制要求，通用规范大到 468 像素×60 像素，小到 100 像素×30 像素，具体还需要根据不同平台的要求而定。广告创意者需要在有限的篇幅内表现出尽可能吸引人的内容，以达到提高点击率的效果。

（4）搜索广告

搜索广告（Search Advertising），对于搜索广告很多人都很耳熟，在 PC 时代，搜索广告是最常用到的，如利用百度、Google 等搜索引擎。搜索广告是指广告主根据自己的产品或服务的内容、特点等，确定相关的关键词，撰写广告内容投放在搜索引擎上的广告。只要用户搜索到广告中的关键词时，广告就会出现。

在 PC 端搜索广告大量出现在搜索引擎中，事实上也只能出现在搜索引擎上，因为具有搜索功能的其他工具比较少。而随着移动互联网的发展，移动端搜索入口越来越多，不但可以使用搜索引擎，还可以利用各种移动类应用。以关键词"养生"为例，在 QQ 看点中输入该词，就会得到相应内容。

具有搜索功能的移动应用非常多，无论搜索什么信息都可以打开相应的移动应用。看最新的娱乐八卦、看当天的国内外新闻，或者搜索其他个性化的信息，只要打开移动应用，输入相关关键词就可以。移动时代的搜索广告就基于此而产生。

（5）Html5 广告

与横幅广告、搜索广告一样，Html5 广告不仅是移动广告的"专属"，也是传统 PC 互联网时代的产物。但从技术和广告特性上来看无疑是最适合在移动端展示的。技术层面，Html5 技术是唯一一个兼容 Windows、macOS、iOS、Android 等主流系统的跨平台语言；广告自身层面，易于发布，表现形式更活泼、有趣，具有强大的图形能力和灵活的音频/视频功能。更重要的还在于广告扩展性上，它具有令人难以置信的潜力，企业广告主都希望在各种新颖的移动智能设备上显示广告。

《一个红包看尽中国人的情与利》是 2015 年新年出品的一则微信红包宣传广告。微信红包是微信于 2014 年 1 月 27 日推出的一款应用，拥有发红包、查收发记录和提现等功能。该广告就是为了进一步宣传微信红包，其创意很有特点，与微信红包的定位十分吻合。

鉴于多种原因，Html5 广告在智能手机、平板设备移动端快速普及起来，并且成为了改变移动显示广告游戏规则的一个重大因素。现在微信、微网站、微商城中都开始采用这种形式。需要注意的是，Html5 广告不像前几种广告只注重图文，还需要有创意、有互动、有体验，Html5 广告是一种场景化的广告，可让整个场景丰富起来，也可将广告体现在内容中。

广告直接融入内容是移动广告，甚至是整个广告行业未来的大趋势。由于移动互联网终端屏幕大小的限制，特别是移动互联网用户体验习惯的养成，使得 PC 互联网那种广告和内容区分展示的形式失去了吸引力。传统的网络广告如插播广告、弹出广告、文字链接广告，既占据屏幕空间，又影响用户体验，与用户体验优化是完全相悖的，从这个角度看 Html5 广告优势多、前景大，未来将成为移动广告的主流形式。

（6）富媒体类移动广告

富媒体广告也是一种移动广告形式，但目前尚没有统一的行业标准，每个公司都有自己的一套分类方法。它最大的特点就是利用富媒体技术把主打产品的广告文件（视频广告片、Flash 广告等）通过在大流量门户网站上流畅播放，从而使产品达到强曝光、高点击的效果。所谓富媒体就是指把声音、图像、文字等多媒体形式有效组合在一起的一种媒介形式。

富媒体广告包含 4 种广告，分别为以矢量为基础技术的广告（Flash 等动画），程序语言实现或者控制的广告（JavaScript、Html 等小程序），流媒体视频（利用 QuickTime 等播放），交互式富媒体（结合多种多媒体形式：视频、动画等）。其中在手机上，流媒体视频及交互式富媒体最为流行。

富媒体广告将容量大于 50kb 的网络广告运用于多媒体，使其表现力丰富。其独特的智能后台下载技术，具有智能用户连接监测功能，可以充分利用空闲带宽。此外，这种网络广告还可以自动化追踪用户行为，易于对统计广告效果的一系列指标进行监测。

8.4.3　人员营销

人员营销是一种传统营销方法，是指营销者通过与客户的直接互动来销售产品或服务的过程。随着互联网的发展，很多行业减少了在人员营销上的投入，用网络技术、智能设备代替人。但这不太适用于酒店业，因为酒店业核心就是人。营销人员往往很多时候就是服务人员，服务人员同时也担当着营销推广的职责。所以，营销人员、服务人员之间并没有严格的分界线，而高素养的服务人员正是酒店必不可少的。酒店的人员营销，一般又可以分为以下 3 种情况。

（1）电话推销

电话推销即餐饮营销人员与宾客通过电话所进行的双向沟通。这种推销方式只是通过声音进行沟通，所以就需要特别注意运用自己的听觉，要在很短的时间内对宾客的要求、意图、情绪等方面做出大致地了解和判断，推销自己的餐饮产品和服务时力求精确、突出重点，同时准确做好电话记录。对话时语音语调应委婉、悦耳、礼貌，同时不要忘记商定面谈，最后向宾客致谢。

（2）专人推销

大多数酒店可设餐饮业务员和餐饮订席员来进行餐饮产品的营销工作，但要求他们必须精通餐饮业务，了解市场行情，熟悉餐饮设施设备的运转情况，宾客可以从他们那里得到肯定的预订和许诺。

（3）全员推销

第一层次是由销售总监、餐饮销售代理、销售部经理、销售人员等组成的；第二层次由兼职的推销人员构成，如餐饮部经理、宴会部经理、餐厅经理、预订员、迎宾员以及各服务人员等。

8.4.4 公关营销

公关营销，以公关工具为主要工具的营销，是以公关为工具为导向的传播，目标是要在公众之中塑造美好的形象。酒店的公关营销常常是以付费或非付费新闻报道、消息等形式出现的，一般通过电台广播、电视、报刊文章、口碑、标志牌或其他媒介，为人们提供饮食产品以及服务的信息。与广告相比，它更容易赢得消费者的信任。

营销人员应善于把握时机，捕捉一些酒店举办的具有新闻价值的活动，向媒体提供信息资料，凡餐厅接待的重大宴请、新闻发布会、文娱活动、美食节庆等，都应该邀请媒体代表参加。可以事先向这些媒体代表提供有关信息，也可以书面通报的形式或自拟新闻稿件的方式进行。一般应由部门有关人员负责稿件的撰写、新闻照片的拍摄等事宜。

另外，也可以与电视台、电台、报纸、杂志等媒介联合举办"美容食谱""节日美食""七彩生活""饮食与健康"等小栏目，这样既可以扩大酒店在社会上的声誉，又可以为自己的经营特色、各种销售活动进行宣传。

8.5 "互联网+酒店"营销

8.5.1 App营销

传统互联网、移动互联网、物联网是新时代下的人类生活、生产的基础设施，互联网的发展为酒店服务业在营销和渠道的拓展方面提供了诸多新机会。从宏观上讲，促使我国的酒店服务业在尚未经历高度信息化的发展阶段时，便提前步入了移动互联网时代，这也是我国互联网发展的特殊性所决定的；从微观上讲，所谓"互联网＋酒店"就是酒店这一传统行业的电商化，将产品和服务由线下搬到线上。酒店服务业链条长，服务更偏重线下，转移到线上后诞生了许多酒店的网上平台，客户可以在线上下单、付款，线下享受。

互联网的飞速发展需要酒店企业具有快速的演化能力，及时跟上时代发展步伐。酒店在硬件上需打通线上业务和后台系统，包括会员管理、电子菜谱等应用的优化。另外，需要对线上线下的服务进行升级以满足用户的消费需求。

所谓 App，是 Application 的简称，是智能手机的应用程序（也称手机客户端），可结合图片、文字、音频、视频、动画等方式生动展现品牌及产品信息。App 已经成为占据手机屏幕的第一入口。餐饮 App 有利于酒店开展多渠道营销，促进销售，并传递品牌及提升用户服务体验。

对于酒店企业来说，餐饮 App 通常有 6 大功能，具体如图 8-9 所示。

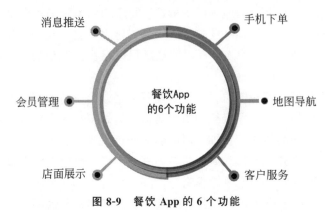

图 8-9　餐饮 App 的 6 个功能

（1）消息推送

通过 App 可免费对消费者推送优惠信息、餐饮贴士、服务、推出的新式菜品等，可以巧妙地吸引客人到店内进餐、住宿。推送新闻资讯，如娱乐新闻、实事新闻、天气预报等，并通过这些资讯软性植入店面文化，餐饮菜品，有助于酒店营销工作的开展。

（2）会员管理

使用 App 添加、导入已有的会员，一键实现对未安装 App 会员的推广，还可以吸纳新的会员。同时通过 App 对消费者进行统计，根据消费者数据有针对性地推出不同口味的菜品，增加客人满意度。

（3）店面展示

把店面信息放在 App 中进行展示，餐饮精美的图册及杂志化展示可以让消费者垂涎欲滴，不仅让消费者在 App 中享受一场视觉盛宴，更能促进其消费。

（4）手机下单

在 App 中进行菜品、客房详情展示，并提供下单、支付、预约等服务，客人在 App 中可以一键下单、支付。

（5）地图导航

对于一些陌生客户，可能会遇到找不到酒店地址的困扰，但通过 App 可定位、导航，从而大大方便客人快速地抵达酒店。

（6）客户服务

客人在就餐时可以在 App 中向服务员咨询相关信息；反之通过 App 进行服务、问题解答等，有助于客户维护。通过一键呼叫让客人随时联络到酒店相关服务人员，及时定位。

8.5.2　微信营销

移动互联网时代，微信成为酒店接轨移动互联网最主要的工具之一。如今，微信几乎遍布所有的酒店企业，无论是在带来的用户数量还是在品牌影响力的传播上，较之其他工具都取得不错的成绩，而且正在显现出一种势不可挡的发展态势。

案例 2

汉庭酒店是国内第一家多品牌经济型连锁酒店企业，集餐饮、休闲、娱乐为一体。2013 年年初，汉庭酒店开通微信公众号，并推出了微信会员卡服务，深受消费者，尤其是汉庭酒店会员欢迎，并纷纷抢购。据统计，当时刚上线 90 天便获得 52 万用户关注，激活使用人数超过 20 万人。

同时，汉庭微信后台还首次开通了线上人工服务，20 名客服人员同时在线，可以同时向 200 万微信会员提供在线客服。

案例 3

布丁酒店是首批开展微信营销的酒店之一。自成立以来就致力于为客人创造时尚、快乐、自由、环保的体验，从而吸引了一大批以年轻白领、商务人士为主的客户，而与微生活 CRM（Customer Relationship Management 的缩写，指客户关系管理）的正式对接，更是拉近了与年轻人的距离。

2013 年 3 月，布丁酒店 CRS（Central Reservation System 的缩写，指中央预订系统）与微生活 CRM 正式对接，这也预示着布丁酒店与微信实现了融合。也正是如此，布丁酒店在服务上实现了创新。用户只需将手机号码与布丁酒店微信公众账号关联，便可通过微信公众平台享受业务搜索、预订和退订等服务。

为鼓励客人使用微信，酒店还规定，凡关注酒店微信公众号，可获得一张会员卡，无论任何时候只要使用者有订房需求，可直接打开微信布丁酒店账号进行订房操作，对有使用微信习惯的用户来说提供了极大便利。

随着传统产业的逐步互联网化，未来或许只有一种产业那就是互联网产业，而微信所起的作用就是通过平台将传统酒店业与互联网业连接在一起。因此，传统酒店业在营销上需要积极创新，利用好微信公众平台这个营销利器。那么，具体该如何运用呢？首先应该建立微信公众平台，利于酒店与用户沟通，这是开展微信营销的前提。

那么，对于酒店而言，需要一个什么样的微信公众平台呢？可以按照以下3个思路进行定位，如图8-10所示，将其打造成一个体验好、专业化程度高、真正能为客户解决问题的平台。

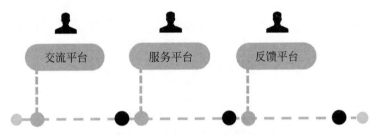

图 8-10　酒店微信公众平台的定位

（1）交流平台

微信核心就是沟通，只有通过充分沟通、完美互动，才能了解客人需求、把握客人需求，进而满足客人需求。通过微信可与用户实现更加便捷的交流，而且交流形式更加新颖，比如，高质量的文章输出、视频、小游戏、参与有奖等活动等。

（2）服务平台

通过微信服务号，企业可向用户提供各种线上服务，如订房、退房、远程体验等，也可使线下服务更完善。

（3）反馈平台

酒店是最容易遭到客户投诉的企业，这种投诉以往多发生在线下，比如，意见簿、意见箱等，而有了微信后，这些都可转移到线上，客人只要动动手指就可将意见反馈给企业。

8.5.3　O2O 营销

O2O 即 Online to Offline(在线离线／线上到线下)，最初起源于美国，是指将线下的商务机会与互联网结合，让互联网成为线下交易的平台。2013 年 O2O 开始进入高速发展阶段，开始了本地化及移动设备的整合和完善，于是 O2O 商业模式应运而生，成为 O2O 模式的本地化分支，酒店企业 O2O 也随之发展起来。

酒店 O2O 营销就是把 O2O 的营销模式运用到酒店企业中。对于酒店而言，O2O 营销最大的优势在于把线上和线下的优势完美结合，通过网上平台的展示，把互联网与地面店完美对接，实现互联网落地，让消费者在享受线上优惠价格的同时，又可享受线下的服务。

具体而言有 5 项优势，如表 8-3 所列。

表 8-3　酒店 O2O 营销的优势

序号	优势
1	充分利用了互联网大数据优势，同时充分挖掘线下资源，进而促成线上用户与线下商品或服务的交易，比如，团购便是 O2O 的一种模式
2	拓宽了酒店企业电子商务的发展方向，由规模化走向多元化
3	打通了线上线下的信息和体验环节，让线下消费者避免了因信息不对称而遭受的"价格蒙蔽"，同时实现线上消费者售前体验
4	可以对酒店的营销效果进行直观的统计和追踪评估，规避了传统营销模式推广效果的不可预测性，O2O 将线上订单和线下消费结合，准确统计所有消费行为，为消费者提供更多优质的服务
5	对消费者来说，酒店企业 O2O 价格便宜，购买方便，且折扣信息等能及时获知，更有吸引力

那么，对于酒店经理而言，该如何做好酒店的 O2O 营销呢？主要有三种形式。

（1）自建官网＋连锁酒店

消费者直接在酒店企业的网站下单购买，然后线下体验服务，而这个过程中酒店需提供在线客服服务。

（2）第三方平台

借助第三方平台，实现加盟企业和分站系统的完美结合，并且借助第三方平台的巨大流量，迅速推广并带来客户。

（3）自媒体平台

利用微信公众号、微信小程序、抖音、直播等自媒体平台，通过平台开展各种促销和预付款的形式，线上销售，线下服务。

附表：酒店营销管理所涉及表单

附表 8-1　酒店营销计划表

填制人：　　　　　　　　　　　　　　　　填表日期：　年　月　日

一、市场形势分析		
市场背景分析	客人需求率	
	市场占有率	
	销售增长率	
	其他	
市场竞争率	同行业竞争目标	
	同行业竞争规模	
	同行业产品竞争质量	
	其他	
二、营销目标		
财务目标	营销目标	
1.	1.	
2.	2.	
3.	3.	
三、营销方案		
四、营销费用预算		
营销计划审批意见	审批人签字：	

附表 8-2　酒店营销费用预算表

填制人：　　　　　　　　　　　　　　　　日期：　年　月　日

费用		项目明细			
		单价	数量	金额	合计
固定费用	工资				
	劳务				
	调研费				
	策划费				
	设备				
	材料费				
	礼品				
	促销品				
	场地租金				
	其他				
变动费用	交通费				
	通信费				
	招待费				
	促销商品				
	客人投诉处理费				
	运输费				
	其他				
/				合计	

附表 8-3　营销公关活动实施方案表

填表日期：　年　月　日

公关活动实施地点			公关活动策划人	
活动主要内容				
活动参加人	参加部门	参加人数	参加人	
公关活动效果				
公关部主管意见				
市场部意见				
改善性意见				
总经理意见	总经理签字：			

附表 8-4　突发事件处理报告表

填表日期：　　年　月　日

发生时间		发生地点	
值班人员		保安主管	
事件发生原因			
事件责任人			
事件发生摘录			
人员损伤			
经济损伤			
保安部门核实情况			
备注			
责任部门意见			
保安部门意见			
总经理批示			

附表 8-5　酒店销售订单确认表

编号：　　　　　　　　　　　　　　　　填表日期：　　年　月　日

客户姓名		客户单位	
联系电话		联系地址	
订单方式		□电话　　□网络　　□其他	
订单明细	单价		
	总额		
	订单下单时间		
	订单生效日期		
	收款账号		
	汇款账号		
备注			
开票要求	□增值税发票	单位名称	
		税号	
		开户行	
		账号	
		地址	
		电话	
	□普通发票	开票抬头	
客户		签字：	
转出卡		转账时间	
主要负责人			

附表 8-6　酒店销售订单跟进落实表

编号：　　　　　　　　　　　　　　　　　　　　填表日期：　年　月　日

销售订单编号		合同编号	
联系地址		联系方式	
销售订单明细			
单价	元/天		
总额	元		
订单生效日期			
订单交付日期			
注意事项			
发票			
订单负责人		联系电话	

附表 8-7　客户消费服务后期总结表

编号：　　　　　　　　　　　　　　　　　　　　填表日期：　年　月　日

客户姓名		客户联系电话	
客户联系地址			
个人消费			
住宿天数			
住宿金额			
消费物品			
有无优惠政策			
优惠金额			
代购物品			
代购物品金额			
酒店服务项目			
酒店服务金额			
车辆使用			
车辆租用天数		车辆租用金额	
车位租用天数		车位租用金额	
意见/建议			
客户意见			
前台主管意见			
服务部主管意见			
车辆主管意见			
营销主管意见			

附表 8-8　长包房销售计划表

填表人：　　　　　　　　　　　　　　　　填表日期：　　年　　月　　日

商品促销计划				
促销目的			促销方式	
促销方案				
促销宣传方式	□电视广告	□报纸	□大型活动	□其他
销售总额计划				
季度	第1季度	第2季度	第3季度	第4季度
销售额预算				
成本预算				
商品销售量				
销售原则				

附表 8-9　宴会销售洽谈计划表

编号：　　　　　　　　　　　　　　　　　填表日期：　　年　　月　　日

名称		主办目的	
部门		责任人	
洽谈前准备			
预约	客户邀请		
	菜单设计		
宴会礼仪			
协议签订			

附表 8-10　网络订房合作记录表

编号：　　　　　　　　　　　　　　　　　填表日期：　　年　　月　　日

客户名称		所属单位		联系电话	
联系地址					
合同起始日期			合同编号		
订房优惠项目					
有无违约/欠款					

第 9 章

善于创新，
打造特色主题酒店

　　酒店行业拥有十分成熟、饱和的市场，再加上竞争的日益激烈，如果没有自己的特色未来将寸步难行。因此，酒店经营者要善于运用创新思维，抱着开放的心态，突破传统固有的经营模式，为消费者提供新颖、个性、独特的服务，打造别具一格的体验。

9.1 主题酒店是酒店业未来的主要出路

有无特色，关系到酒店未来的发展前途。2018年，纵观我国1万多家星级酒店，5万家社会酒店，真正有特色的只有10%至20%，这也是大部分酒店盈利少、生存难的主要原因之一。相反，有极少数酒店却因为有特色备受青睐。所以，酒店经营者要想在激烈的竞争中杀出一条血路，必须放开思维，敢于创新，加大开发力度，创造自己的特色。

那么，如何创造酒店的特色？那就是打造主题酒店，比如，历史、文化、城市、自然、神话等，将主题融入到酒店经营、产品或服务中，给消费者营造一种个性化服务。主题酒店常用的主题类型有3大类，如图9-1所示。

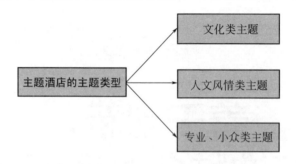

图 9-1　主题酒店常用的 3 类主题类型

（1）文化类主题

以文化为经营特色是最具有竞争力的，用文化打造酒店主题，往往可以令酒店在众多同类中快速脱颖而出。

案例 1

上海和平饭店有一个老年爵士乐厅，完全是20世纪30年代欧洲风格的装修，黑木桌椅，然后是古铜色的吊扇，地上是很普通的瓷砖，但很古老。这里不仅成为和平饭店的特色，而且成为上海的品牌。凡是到上海访问的国宾，一定要来这里听一场老年爵士乐。美国前总统克林顿访华时，在这观赏了老年爵士乐非常高兴，自己还上台用萨克斯演奏了一曲。

（2）人文风情类主题

人文风情主题酒店是指在建筑风格、装修风格上围绕当地特色而打造，如城市风光、历史文化、自然风景等，同时将这些主题融入到酒店服务中，给消费者营造一种特定化的服务。比如，借助自然风景的旅游酒店，借助当地历史文化的文化酒店，借助城市特点的城市酒店，还有借助名人、艺术等的特色酒店。

人文风情类主题 1958 年首次出现在美国，尤以拉斯维加斯最为集中，出现了一大批著名酒店。不过，在我国尚是一种比较新颖的酒店类型，属于新兴酒店，刚刚崭露头角。

案例 2

丽江悦榕庄，提供集休闲、度假、商务、体验为一体的休闲旅游民宿。该酒店定位是小型、奢华，其特色在于建筑风格，仿丽江古城建筑风格，非常地方化，建造伊始就按照丽江城市规划要求把丽江古城的建筑风格融贯其中。同时，整合当地旅游资源、丰富的人文资源以及成功的度假品牌，融合五星级的现代化酒店设施，营造优雅浪漫的度假风格，让客人沉浸在轻松愉悦的氛围中。

（3）专业、小众类主题

时代在变，消费理念也在变，一大批消费者，尤其是年轻消费者逐步由追求名牌酒店、豪华酒店向中小特色酒店转变。他们出行、旅游时往往会放弃豪华、舒适的星级酒店，转而入住一些当地比较有特色的小酒店。这类酒店既保留了星级酒店的舒适度，还多了地方特色和风情。

专业、小众类的主题成为许多酒店确定主题的常用方法。比如，民宿、农家乐、亲子酒店、沙滩酒店、绿色酒店。

案例 3

吉林一家宾馆，以绿色健康餐饮为特色，经营有自己的绿色种植、养殖基地，为宾馆提供无污染的绿色餐饮。在 1000 平方米的现代化温室中，有 12 座暖棚种植蔬菜和瓜果，还专门进行畜禽养殖，随时为宾馆旅客提供新鲜的蔬菜、鸡蛋、牛奶等。

9.2 掌握主题酒店打造的方法

主题酒店是指以酒店所在地最有影响力的地域特征、文化特质为素材，并以此进行建造、设计、装饰和提供服务的酒店。其最大特点是赋予酒店某种主题，并围绕这种主题建设具有全方位差异性的酒店氛围和经营体系，从而营造出一种无法模仿和复制的独特魅力与个性特征，实现提升酒店产品质量和品位的目的。

可见，主题酒店走的是特色经营之路，所谓特色就是特殊、特别、个性化、差异化、与众不同。但由于又不像品牌酒店、星级酒店那样有科学规范的管理体系，有前人的经验基础，因此，对于经营者来说都是边学习边实践，在尝试和探索中成长。

也正因此，我们看到的每个主题酒店似乎永远没有相同的，就像没有完全相同的两片叶子，每个地方的主题酒店都有各自的优势，每个主题酒店都有自己的独特之处。因此，主题酒店打造的方法也有很多，不能一概论之。

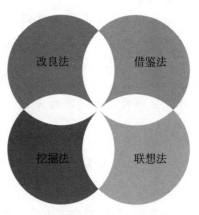

不过，为了更好、更快地打造主题酒店特色，我们也对所谓的特色进行了界定。通常的理解是，酒店在经营过程中采取的符合自身情况的、被消费者认可的、能带来经济效益的、具有明显个性设计的做法。我们总结了最常用的 4 种具体的做法，如图 9-2 所示，仅供参考。

图 9-2　最常用的 4 种
主题酒店打造法

（1）改良法

改良法是在原有的基础上进行创新、改良和创造。这应该是最简单、最有效的一种方法。虽然创新不足，但经营方法得当也可取得良好的效果。

案例 4

北京的鸭王餐厅，最出名的一道菜是全鸭宴。北京人对鸭有特殊的情怀，因此该餐厅也是迅速火遍了北京市场。原来，该餐厅老板出自北京全聚德，全聚德最有名的就是烤鸭，有百年历史。而他在此基础上研发了一整套与鸭有关的菜：全鸭宴。他认为过去的人到北京要不吃烤鸭就是一大遗憾，可现在人们肚里油水多了，口味高了，一想到肥肥的鸭子就腻了，肯定想变变口味。于是他以此为出发点，对菜进行了创新。

集全鸭宴与 300 余道京沪地方经典名菜为一体的鸭王系列特色菜肴，逐步将新海派粤菜、川菜、潮州卤水菜及燕鲍翅肚吸纳并培育成了菜系中一大新亮点，深受社会各界人士喜爱，被推崇为民族饮食文化精品。全聚德是世界性的品牌，可鸭王在此基础上创新一套菜，也同样成就了自己的品牌。

（2）借鉴法

借鉴法是借鉴他人之长，补自己之短，从而延伸出一种新主题方法，虽为借鉴，但如果借鉴得好，同样是一种创新。例如，青年旅舍，锦江之星，以价廉、卫生、简洁、舒适、方便等为特色，某种程度上就是借鉴了美国汽车旅馆的做法。

案例 5

汽车旅馆最大特色就是价格便宜，美国有个知名的六元汽车旅馆，因创建时房价是每人每夜 6 美元而得名。六元汽车旅馆创建于 1962 年，第一家在加利福尼亚州圣塔巴巴拉市。后来，发展至美国各地和加拿大多伦多地区，现已经有拥有 800 多座旅馆，8.5 万多间客房。

六元汽车旅馆价格低廉，设备舒适，适合于讲求实际的旅客。现在虽然价格已经不再是 6 美元，但保持着汽车旅馆的原有特色：几排两三层的客房，房前有宽敞的停车场，走廊里有卖饮料、零食、香烟的机器，有的还提供游泳池、免费早点咖啡、免费电影。入住手续也非常便捷，除在进店时办理住宿手续、交费之外，几乎不用再做任何事情。

汽车旅馆始终坚持要为旅客提供卫生、舒适的服务，我国的快捷酒店很大程度上借鉴了这种做法。锦江之星是一家从事酒店等相关业务的公司，创立于 1996 年，旗下有 3 个快捷酒店品牌，它们是锦江之星快捷酒店、金广快捷酒店、锦江都城。

案例 6

创始人徐祖荣有留美打工的经历，20 世纪 90 年代初在美国旧金山经营一家大型的华人饭店。在此期间，他看到了与中国市场上完全不同的美国酒店——汽车旅馆。当年，美国的高速公路已经相当发达，家庭搬迁频繁，汽车旅馆应运而生，这种简洁低价的酒店，是中国从未有过的。回国后，他决定放手一搏，当年适逢百万市民游上海，急需大量低价旅馆，他于是想到了经济型酒店。揣着 1000 万资金，他和五六个同事，挤在一间不到 20 平方米的办公室里，开始打造中国第一家经济型酒店的样板房。

（3）挖掘法

挖掘法，是指从历史，或现实中，经过慎重分析、科学提炼，而总结出某个主题的一种方法，这类方法实施起来难度较大，但极具创新，基本上是独一无二的。

案例 7

北京昆仑饭店"昆仑"二字的灵感就是充分挖掘了中国古代一则神话故事。传说中认为昆仑山是天地众神的"都城"，是神仙下界的地方，十分有灵性。为此，在北京昆仑饭店的大堂中就有一副艺术壁毯《莽昆仑》，其上描绘出昆仑山巍峨苍茫的雄姿，凸显昆仑饭店独特的审美价值和深厚的文化底蕴。

（4）联想法

联想法是从一事物联想到另一事物。具体来讲是指借助想象，把形似的、相连的、相对的或相关的某一点上有相通之处的事物，选取其相通点加以联结。常用的联想法有接近联想、对比联想、类比联想。

案例 8

威尼斯被誉为天下第一水城，其水充满浪漫、温馨和神秘，令人遐想和神往。深圳威尼斯酒店则借助此开发出了一个以水为特色的酒店，整个环境具有鲜明的威尼斯风格，走进该酒店，处处散发着"水"的气息，仿佛真正地进入了意大利威尼斯城，令人身临其境。

9.3 主题酒店的经营原则

主题酒店以特定主题，打造了不同于普通酒店的建筑风格、装饰艺术，其环境氛围，甚至产品、服务特色，让消费者充分获得了多样的、个性化的服务，获得了新颖、独特的心理感受。

主题酒店深度迎合了市场需求、消费者需求，也正因为此，在短短几年间便成为酒店行业的一股新"潮流"，各种各样的主题酒店遍地开花。

主题酒店所走的特色化经营路线，成为目前酒店经营的一个制胜法宝。不过，这类酒店作为一种正在兴起的新业态，在快速发展过程中也遇到了诸多问题。比如，对主题挖掘不够，主题不贴切，重陈设轻体验，重形式轻细节，主题文化彰显有限。那么，经营主题酒店必须遵守以下 3 个原则，如图 9-3 所示。

图 9-3　经营主题酒店的 3 个原则

（1）立足市场，准确定位

主题酒店总是将鲜明的特色主题作为吸引顾客的卖点，因此，选择酒店的主题定位成为了酒店经营成败的关键和前提。

那么，如何做好主题酒店的主题定位呢？ 主题选择范围广泛，相应的题材也较多，而且具有自主性强、创新性高的特点。为了选择符合上述特征的主题需要对市场做好可行性分析，在科学合理分析的基础上，再确定目标市场。

确定目标市场可从两个方面入手：一方面，根据市场定主题。不同的市场环境、不同的背景可以孕育出不同的主题。另一方面，做好垂直分割。每一个主题都有其特殊的爱好者和追捧者，这也就决定了每一个主题酒店有其独特的客户群。

（2）立足文化，做足特色

主题酒店的竞争是文化的竞争，有了文化，主题酒店才有了灵魂。主题文化是主题酒店的灵魂，文化是特色的基础，主题酒店其实就是一个文化创意作品。所以，经营主题酒店必须立足文化，制造关注点，着眼交叉点，寻求融合点，做实做足酒店特色文化。

做实酒店主题文化也可以从两个方面入手，分别为横向延伸和纵向延伸。

横向延伸，就是要将主题设计从吃、住等核心功能延伸到游、购、娱等相关功能方面。还要针对特定性的客源市场做好主题的深度挖掘和系列产品开发，将主题文化贯穿于整个消费体验的始终。

纵向延伸，主题要素要随着市场的变化而不断调整、充实、提炼、再造，任何一个主题都不可能一劳永逸，一方面要避免老客户的审美疲劳，另一方面要不断创新，才能"苟日新，日日新，又日新"，在满足需求的基础上催生新需求。

（3）立足服务，做足体验

在体验经济时代，酒店服务要重视客人的体验，以往在普通酒店的服务过程中，客人都是被动消费、被动接受的。主题酒店要善于利用主题活动调动客人的参与，同时做到被动参与和主动参与的有机结合，使客人在消费体验中有张有弛，相得益彰。

体验是主题酒店最基本的功能和最重要的要素，消费者消费的只是过程，当过程结束后，体验会成为记忆。所以，酒店产品或服务，需要用有足够体验的方式进行包装和演绎。比如，通过各种类型、内容丰富的互动活动，让躺着的文化站起来，睡着的资源醒过来；将静态展示和陈列与动态呈现相结合，动静结合、雅俗共赏。

9.4 文化主题酒店管理案例分析

随着收入及受教育程度的提高，人民更加关注精神及文化上的享受，传统的星级酒店千店一面，文化型酒店的市场机会应运而生。

案例 9

苏州的书香门第酒店是一家典型的文化主题型酒店，该酒店其最大的特色在于将传统文化主题"温、良、恭、俭、让、诚、信、智、勇、实"充分融入到经营服务中。以"斯是陋室，惟吾德馨"为境界，融合"品味生活，体验文化"的现代生活理念，倡导"恬淡中和，翰墨飘香"的苏州人文精神，体现"静室雅居，小桥流水"的古韵遗风，成为繁华都市中一方宁静致远的净土。

该酒店将传统儒家文化植入酒店产品每一个细节的设计中，精细的饮馔，精秀的书画，点缀着书香生活的雅致；精巧的厅廊堂榭，青砖黛瓦。其中，"三味书屋"是酒店最亮丽的一道风景线，书屋有各种藏书 2000 多册，可供住店客人免费阅读。酒店配备齐全的商务中心，同时针对不同层次的消费群体，形成了高、中、低三个不同档次的系列品牌："书香世家""书香门第""书香人家"。

由于该酒店定位是商务旅行酒店，因此还配有丰富的商务服务，满足商旅餐饮、会议、娱乐、信息等各方面及各层级的需求。酒店自开业以来入住率非常高，尤其获得了城市白领及精英阶层等的青睐。

那么，如何因地制宜打造酒店的特色文化主题呢？具体可以从以下 4 个方法入手，如图 9-4 所示。

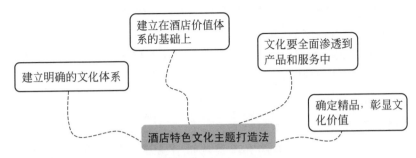

图 9-4 打造酒店特色文化主题的 4 个方法

（1）建立明确的文化体系

经营文化主题酒店首先需要确定文化体系，而文化体系的确立又是建立在反复调研的基础上，需要深度挖掘当地的文化背景、历史背景、自然条件、人文特色等，从而确定一个系统的文化系列。半岛为什么建在上海的外滩，安缦为何投资在北京和杭州，这就是与当地文化的深度结合。

文化型酒店一旦离开了地域文化背景，离开了系统的文化元素的注入，所谓文化主题也就失去了基础。因此，做文化型酒店，一定要注重文化的系统性，力求自然、历史、人文的交融。另外，设计是个关键，应从建筑风格、装饰艺术、产品等多方面考虑，使酒店具有系统的文化元素。

（2）建立在酒店价值体系的基础上

酒店的文化建设是个长期任务，非一朝一夕而成，因为文化必须建立在正确的价值体系上。看得见的物质文化建设相对容易，而精神文化则很难，需要酒店有明确的核心价值、社会责任感和诚信度。如果仅为经济效益，忽视社会效益，那么发展也不可持续。

在社会诚信度普遍受关注的今天，强化酒店的价值体系建设尤为重要。

案例 10

到啦酒店是个成功典范，该酒店主动承担社会责任以各种形式资助文化公益事业和爱心传递。员工每月在工资中捐出 1‰用于资助郊县那些特困户，其精神值得大家学习。说到底企业文化落脚在人文关爱和社会责任感上，人文关爱就是要关爱企业的员工，同时最大限度地关爱宾客，社会责任就是要帮助那些需要帮助的人，无私地奉献和帮助他人这是社会的美德。"真、善、美"是人类追求的永恒主题，文化主题酒店理应力先表率。

（3）文化要全面渗透到产品和服务中

对于酒店而言，吃饭住宿是基本需求，有文化、有特色，能给客人带来新奇、知识、刺激、快乐是深层需求。现代的消费观念使得人们不再仅仅注重基本需求，而是更深层的心理需求。

这就需要文化全面渗透到酒店产品和服务中，使产品、服务具有独特性和文化性，否则，再好的产品质量，再好的服务水平也会显得很平庸。

案例 11

广州长隆酒店有典型的生态文化，人与自然的和谐得到彰显，野生动物主题文化独特。大堂内不仅有城堡风格的主题景观，而且还有企鹅米老鼠等卡通形象，游客蜂拥而至，竞相合影留念。与老虎合影、与火烈鸟合影都成了长隆酒店的亮点。产品与文化结合、互动，并让宾客参与其中，体验效果会得到强化。

文化要通过产品来凸显，达到"有形、有质、有神"，内外呼应，真正让客人体会到舒适、愉悦、超值。

（4）确定精品，彰显文化价值

酒店品质是基础，要在标准化的基础上求超越，求突破，求个性，产品质量过硬又有文化特色才会锦上添花。特色文化主题酒店应确定精品战略，通过品质和文化的互动提高附加值。

现在很多酒店通过自然景观、历史、人文等打造特色，这是正确的。但有一条应该强调，即文化应体现出它的自身价值，如果花了很多钱引入主题，结果没有体现附加值，那么，严格讲是资源浪费。低价竞争是最初级的阶段，品质竞争是第二阶段，文化竞争才是最高境界。由于文化的独特性和不可复制性，体现附加值是顺理成章的。

总之，打造文化主题酒店，必须着眼于自身的产品和服务，体现酒店的价值观和社会责任感，积极健康，个性鲜明。比如，传承自强不息的民族精神、积极向上的时代精神、乐于助人的奉献精神。只有有健康的文化，实现社会效益和经济效益的双丰收，才是打造特色酒店的真正精髓所在。

9.5 民宿主题酒店管理案例分析

据一份调查显示，自从 2015 年以来，国内民宿市场迎来了爆发式增长，2017 年市场交易额为 126 亿元，2018 年高达 191 亿元。

民宿最初只是依托旅游业而发展起来的一种非正式住宿、餐饮形态，很难列入酒店行业范畴。但随着旅游业的爆发式发展，以及人们在住宿、餐饮消费意识上的转变，民宿逐步成为一个独立的业态，而且被认为是一个有故事、有情怀、有心灵触动的业态，可以大大满足部分消费者的小众需求。

案例 12

七间房，云南大理一家典型民宿客栈，以为旅客提供定制化服务而备受关注，专为想要享受安静舒适，自在悠闲的度假客人而设。其旨在通过类酒店式的设施和服务，为客人提供一个在大理"别致的家"。客栈所有的房间、家具、装置装饰，都由知名设计师原创并精心设计，注重细节品味，提供私享空间。

另外，七间房在饮食和交通上都实现定制。在饮食上，为给客人提供高品位的饮食，创始人丁磊高薪邀请远在英国一家高级酒店担任大厨的朋友加盟。有了朋友的加盟，"七间房秘制焗排骨套餐"成为西餐厅主推的菜品。七间房将这道菜成功打造为客栈的饮食 IP（Intellectual Property 的缩写，指知识财产），成为很多住客停留七间房期间必点的一道菜品，也成为七间房客栈文化重要的组成部分。

在交通上，丁磊 2015 年做了一个新的项目，叫"自驾车＋公寓＋自助厨房"，上游与房产开发商合作经营空置房源，下游通过与租车公司长期合作，为游客提供可定制的车型和酒店到机场的接机服务。这是全国首家"自驾车＋公寓＋自助厨房"的度假公寓，可以为客人提供定制行程、定制旅拍和微电影、定制早餐、定制车型等定制化服务。

现代社会人们出游不再是单一的跟团出游，自由行成为国内度假游首选，越来越多的度假客人预订完酒店后，选择自驾自由出行。这也就意味着人们对酒店原有的食宿服务有了更高要求，标准房、大床房这种无差别化的服务方式已经不再适应新需求，必须逐步向非标准、个性化、定制化服务转变。而民宿在管理上则应迎合了这一趋势，注重服务，注重体验，完全走轻资产运营模式。

然而，经营一间民宿却不是那么容易，因为谁也没有对这类酒店下一个严格的定义，制订一个明确的标准，可以说没有完全相同的两家民宿，1000 家就有 1000 个模板。同时民宿在发展中也存在诸多问题，比如，过度依赖自然资源，过度追求个性化，存在产品与服务趋同现象；过度不当的设计，违反了住宿服务的基本规律，降低客人的体验感；盈利模式不够成熟，看似美好的项目难以盈利。

面对如此多的困难，如何做好民宿呢？ 可以从如图 9-5 所示 4 个策略做起，这 4 个策略尽管不是具体的方式方法，但绝对可以帮助店主把握大的经营方向。

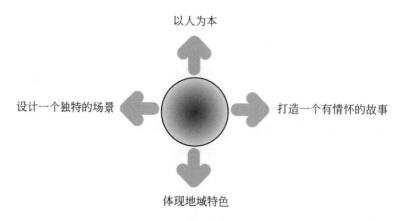

图 9-5　民宿酒店的 4 个经营策略

（1）以人为本

相比那些名牌酒店、星级酒店更重视建筑、装修、设计这些相关元素，民宿则不太注重。民宿的核心是：有主人精神，即能投最大限度地体现以人为本的思想。因此，民宿在规划设计、管理经营中要多考虑"人"，体现"人本理念"。

多站在客人角度想问题，解决问题，以满足客人体验为切入点。比如，研究客人的消费心理，迎合客人的兴趣爱好，尊重客人的消费习惯。甚至要深入挖掘文化内涵和意境，比如，与人有关的人文地理、民俗风情、生态环保等，力争开发出浓郁而独到的主题文化风格，用个性化的优质服务，来实现人类感情的某种希冀与渴望，真正体现民宿的价值。

（2）打造一个有情怀的故事

情怀增加了民宿的内涵，形成了民宿的"魂"。有人说，住民宿客栈其实是住在主人的情怀里。民宿客栈之所以越来越热，是因为都市人宿于乡村、隐于田园、归于慢生活的诉求和情怀越来越浓。

所以打造一个可持续的情怀故事就显得极其有必要。民宿客栈更多的内涵应体现在多样化的生活体验。在体验中，让住客的身心有一个如愿以偿的归宿。如果希望打造连锁民宿客栈的话，还需要是一个可延续拓展的情怀故事。文化元素的植入能让酒店更加让人难忘，而这可以通过现代休闲文化与传统民俗文化的交融以及设计手段的转换来实现。

（3）体现地域特色

民宿对地域的要求非常高，包括气候资源、自然植被资源、地形地势资源等。初创一家民宿，必须充分考虑其地域性，充分尊重、利用当地资源。考虑清楚什么城市、什么区域、什么片区是适合做民宿，而且是自己能驾驭的。喜欢并认可的区域很重要，最好的不一定是最合适的，一个合适的选址就是成功的开端。

抛开个人喜好等影响因素，适合做民宿的区域通常都有这样一个特点，即滨海或山地等自然资源较多的地方。据统计，丽江、大理、嘉兴等古城、古镇区域民宿客栈数量相对较多。因为古城、古镇本身就拥有着文化底蕴以及文艺气息。

一项调查显示，2018年，我国国内民宿总数达42658家，11省市民宿客栈数量在1000家以上。数量排名前十名的省市分别为：云南、浙江、北京、四川、山东、福建、河北、广东、广西、湖南，其中云南以6466家民宿客栈的数量位居全国第一名。

古城、古镇被大多数的民宿主人所青睐，成为民宿选址的热门地区，由此也带来了民宿在古城、古镇区域的迅速生根与蓬勃发展。

（4）设计一个独特的场景

民宿不仅要依托自然景观给游客带来的愉悦感，同时还要通过设计，为游客提供别致的场景和体验。近几年，随着场景、体验等概念的提出，越来越多的人十分注重这些。因此，设计也是民宿经营中需要特别注意的，如何将品牌的定位、服务、产品、所有感情的象征都能浓缩到一个场景之中，显得异常重要。

需要注意的是，民宿的场景不等同于简单的装修，而是包含了更加丰富的思想情致。从整体设计，到每一处角落、每一个摆件、每一个与用户接触的点，都成为了可以发出品牌传递和消费的点。

比如，设计表现出来的产品，能否有趣味，是否能让客户长留，是否让人有拍照冲动，这都是设计是否成功的最直接检验。

再比如，能否让客人在住宿期间完全浸入其中从而与整个环境融为一体，甚至使其踏入的那一刻，整个人、精神、思想便都融入其中，这都需要做出其独特的民宿客栈场景感。

以上便是对民宿设计理念的介绍，我们相信不同地域环境的民宿有着不尽相同的特色等待我们去挖掘和发现。

9.6 亲子主题酒店管理案例分析

亲子主题酒店是一种更新型的酒店模式，主要以亲子旅游为经营亮点，其发展背景是最近几年兴起的亲子旅游、家庭旅游。

案例 13

临安湖畔童话酒店是中国首家亲子主题酒店，于 2012 年开业，在青山湖风景区附近，被称为是具有森林湖泊风的创意童话亲子主题酒店。

酒店设有 80 间客（套）房，全部有丰富多样的童话元素，室内外由风格各异的童话故事的图案装扮，就像是一个梦幻的童话世界。

酒店内还设有 10 多处娱乐设施，如户外蜘蛛侠训练器、儿童梦幻航天组合滑梯、儿童高空滑道组合乐园、魔术导教室、碰碰车赛场、海洋球池、攀岩墙、戏水池、手工坊、钓鱼岛、5D 动感影院等。每当夜幕降临临安，酒店的露天平台还可举行篝火晚会、湖边烧烤等活动。因此，这是一家夏日游的上选去处。

案例 14

安吉银润锦江城堡酒店，是一家快乐时光亲子主题酒店，具有浓郁凯蒂猫动漫风。酒店开业于 2015 年，选址在素有"中国竹乡"之称且被誉为"都市后花园"的安吉，由银润控股集团投资建设，并委托锦江国际酒店管理有限公司管理，属国内首个凯蒂猫乐园的配套度假亲子酒店，并与 Hello Kitty 家园相邻，隔街相望。

城堡酒店的外观带有浓郁的南欧装饰风格，城堡式结构充满了皇家宫廷风范。酒店内设各种房型的客房 386 间，古典的格局和雅致的风貌延伸至每一间精心布置的酒店客房。精致的雕饰，古典的家具，独特的吊顶设计，使整个房间层次分明，空间感十足。尤其 43 间凯蒂猫主题客房，粉色系主题特色鲜明，布置别具匠心，从床品、拖鞋、牙具甚至到地毯，都使用萌态十足的凯蒂猫图样点缀，置身其中，仿佛梦幻之境。

酒店更特设自助餐厅、中餐厅、茶吧、咖啡厅、室内泳池、健身中心、城堡影院和 690 平方米宴会厅等。因此，这是一个能让孩子们放飞童真梦想、留驻童真与完美记忆的美好场所。

从上述两个案例中可以看出，亲子主题的酒店选址都在旅游区，且在建筑风格、内部装修上都有浓郁的孩童色彩。现代家庭亲子关系慢慢成为家庭的重心，孩子一举一动都受到家长的密切关注。而父母的精心培育及孩子求新好奇的心理催生了亲子旅游活动。尤其随着 70 后、80 后家长的崛起，他们的思想观念较以往有很大变化，"爱自己才有能力爱孩子"成为新生代父母的座右铭，希望"小孩和大人都可以很尽兴地玩"，他们更愿意选择旅行的方式教育孩子。

亲子旅游正从"孩子导向"变为"家庭导向"，这种新型的旅游形式必将为更多人所关注。这既丰富了酒店业态，也顺应了市场的需要，而且也成为竞争激烈的酒店业新的突破口。涉猎亲子游的酒店，以及专门以亲子为主题的酒店越来越多，那么，该如何经营一家亲子主题酒店呢？有 5 个关键点必须把握，如图 9-6 所示。

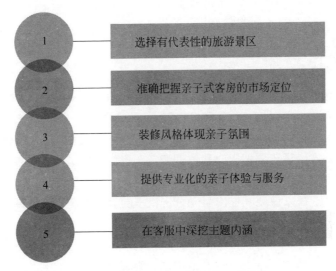

图 9-6　经营亲子主题酒店的 5 个关键

（1）选择有代表性的旅游景区

亲子酒店是依托旅游业发展起来的一种新型酒店业态，那么，势必离不开旅游景区。景区选择不合适，酒店就失去了支撑，最直接的问题就是面临客人的流失。

（2）准确把握亲子式客房的市场定位

准确的市场定位能够增强酒店竞争优势。根据团队的问卷调查，中档酒店的亲子式客房应当主要面向中等收入群体且孩子在 3～12 岁之间的家庭。这一群体具有较强的消费观念，强调产品的性价比，同时对于消费期望较高，在购买中会货比三家，一旦获得其信任，会通过口碑进行宣传和推广，消费的影响力较大。在亲子式客房开发中要明确市场定位，进行针对性地设计与开发。

（3）装修风格体现亲子氛围

一个完美的亲子主题酒店不但要在外形装饰方面体现出主题特色，同时还应该在室内装饰中营造主题氛围，以适当的渲染体现出主题酒店的"内外兼修"，塑造全面的主题形象。比如，以水为主题，外景可以设置人工瀑布，在内部装饰方面可以使用流线型设计，地毯设计也是波浪图纹的，在室内灯光的映照之下这些经过精心设计的图案相互映衬形成了海洋、天空的唯美效果。这样一来，客人一进入酒店就时时刻刻处在了酒店用心营造的氛围当中。

（4）提供专业化的亲子体验与服务

有调查发现，将近50%的人更喜欢有亲子活动或儿童看护服务的亲子式酒店，这说明客人更注重亲子体验与服务。

专业化的亲子体验与服务不仅可以帮助顾客加强亲子情感交流，从而提高客人对于酒店的忠诚度，又有助于树立酒店专业化、可信赖的形象，增强酒店的市场竞争力。

亲子化的服务可以围绕客人入住前、入住中和入住后的宾客流程进行综合考虑。预订和宣传环节要别出心裁体现亲子服务的特点，如使用亲子元素的宣传设计，亲子主题的套餐等。在入住环节要注重鼓励儿童的参与性，如儿童登记服务的设计。在入住期间推出互动营、快乐厨房、采摘、骑行等亲子活动。

（5）在客服中深挖主题内涵

在为客人服务过程中深挖主题的内涵，为客人提供综合性的主题服务，是亲子主题酒店经营发展的必备条件。酒店的综合性服务包括吃、住、行、游、购、娱等基本元素，将这些元素与酒店主题融合起来就能够形成多层面、多方位、多视角的主题文化体验，使酒店的主题特色得到突出。

比如，在饮食方面，酒店可以聘请专业的厨师为儿童提供精美的菜品；在客房服务方面，酒店可以根据儿童的不同要求安排"夜床服务"，以满足小孩子的睡眠习惯。

9.7 主题酒店在发展过程中存在的问题

由于政府鼓励、市场需求和行业自身发展的多重因素，酒店行业逐步呈现出主题化、特色化、体验化发展趋势，这也逐步成为行业的共识。与此同时，酒店业正在突破星级酒店的范畴，进入到连锁酒店、乡村酒店、旅游客栈等多业态、多层次的多元化发展态势中。全国各地的特色酒店、精品酒店、主题客栈、文化民宿等成为一个个热潮。

在强需求市场刺激下，起步较早的主题酒店逐步站稳了脚跟，同时，很多传统酒店也纷纷转型做主题酒店，一时之间，主题酒店遍布全国各地。不过，由于主题酒店在整个酒店业中尚属一个正在崛起的类型，市场不够成熟，发展不够完善，在几年的发展中，很多负面问题逐步显现出来。这些问题都是显而易见的，具体包括以下 4 个。

（1）没有完全领会主题酒店的真正内涵

尽管主题酒店发展态势不错，但绝大部分没有真正做到以主题为主，现在很多主题酒店仅仅是带有某个主题表面特点，而没有真正挖掘主题的内涵。这也与酒店高层、管理者没有真正认识到主题酒店的内涵有关。

带有某个主题表面特征只能算特色酒店，不能算主题酒店。特色酒店基本上是以酒店的某一方面较为独特而成为吸引顾客的主要原因，而主题酒店是一个复杂综合体，主题元素的设计必须渗透到酒店内部各个方面。

（2）主题定位模糊

主题定位模糊是主题酒店在发展过程中经常出现的问题之一，也是最难解决的问题。比如，预计投资 15 亿元的杭州梦幻城堡就是因为定位不准确而流产。杭州作为休闲之都，又地处长江三角洲的中心区域，定位在这样一个地区本是合理的，但其主题的选择却无法支持这一定位。

首先是价格。酒店的目标人群是休闲散客和商务会议客。而休闲散客由于是以个人可支配收入来支付旅游，多数对价格极为敏感，而"梦幻城堡"超五星的建设将远远超出其消费能力。

其次是商务会议客的规模。对吸引商务会议客而言，杭州紧邻上海，而上海作为长江三角洲的经济中心，显然更具优势。同时由于杭州长期处于上海的形象遮蔽中，其商务会议市场规模不会很大，即使商务会议客对价格不那么敏感，规模较小的商务会议客源也远不够供给"梦幻城堡"。由于"梦幻城堡"设计脱离市场定位，导致其后期运营将会陷入有市场无客源的窘境。

（3）主题缺乏新意

有些主题酒店主题缺乏新意，这也是导致客流量少，很难盈利的主要原因。主题无新意，基本上是用依葫芦画瓢的方式，照搬其他成功的酒店模板。

相当于将某个主题强加在酒店之上，这就像一个人没有灵魂，只是披上一层华丽的外衣，仅是把自己的外层包裹住了。

主题酒店如果没有内在，即便是有再华丽再壮观的景色也不过是昙花一现罢了。金玉其外败絮其中的道理几乎每个人都能理解透彻，没有给予酒店顽强的生命力如何能够让酒店自力更生。

（4）主题文化单一

主题酒店文化单一化、笼统化是主题酒店在发展过程存在的又一个主要问题。这样的问题表现在没有文化这个载体，缺乏重心打造，结构布局杂乱无章，主题文化展现空洞，只是把主题形式化地布置在酒店的各个角落中。这样不仅严重造成了资源浪费，还会起到画蛇添足的负面效果。这样的主题酒店势必难以发展下去。

由此可见，发展主题酒店还有很长的路要走，在这个过程中需要不断摸索、不断积累经验，逐步强化经营者的理论知识和实践水平，逐步规范经营主题、规范行业发展。

参 考 文 献

［1］ 邢夫敏. 现代酒店管理与服务案例. 北京：北京大学出版社，2012.

［2］ 郑向敏. 酒店管理. 3 版. 北京：清华大学出版社，2014.

［3］ 陈淑君. 酒店管理基础知识. 北京：中国劳动社会保障出版社，2015.

［4］ 江美亮. 酒店精细化管理实战手册. 图解版. 北京：人民邮电出版社，2016.

［5］ 田彩云. 酒店管理概论. 北京：机械工业出版社，2017.

［6］ 肖晓. 主题酒店创意与管理. 2 版. 成都：西南财经大学出版社，2018.